南湖互联网金融丛书

理享家

互联网金融九堂课

谢 平◎著

中国计划出版社　博集天卷

2015年7月，中国人民银行等十部委发布了经党中央、国务院批准的《关于促进互联网金融健康发展的指导意见》。该指导意见清晰地界定了互联网金融及其主要模式，在鼓励互联网金融创新发展的同时，明确了相关监管部门的职责分工。时隔7个多月，李克强总理在2016年政府工作报告中再提互联网金融，强调要规范发展。中央政府这一系列政策措施，既说明了互联网金融对我国金融发展的积极意义，也显示了互联网金融监管的必要性和复杂性。

为了让读者更好地理解互联网金融，在财新传媒的鼓励和帮助下，我们编辑出版了这本《互联网金融九堂课》。本书收录了我和几位学生自2012年以来发表的关于互联网金融的系列论文。相关论文均发表在国内一流学术期刊上，产生了一定的社会影响。在逻辑结构上，本书先分析互联网金融的基础理论和模式，再论述互联网金融对支付、贷款、货币等领域的影响以及互联网金融和实体经济之间的关系，最后讨论如何有效监管互联网金融。需要说明的是，互联网金融和金融科技（Fintech）是国内外相互独立发展起来的两个相近概念，在内涵和外延上有很大重合，我们在书中不做严格区分。

我国金融体系不完善、互联网与金融的天然结合以及互联网产生的规模经济和网络效应等因素促成了过去几年我国互联网金融的快速发展，相关金融创新产品令人应接不暇，对老百姓的投融资行为产生了显著影响。互联网金融通过降低交易成本，减少信息不对称性，拓展交易可能性集合，已经对我国金融体制改革、普惠金融、金融市场结构产生了巨大作用。互联网金融对"互联网＋"模式也有很强的促进作用，在大众创业、万众创新中将扮演重要角色。但互联网金融技术和产品创新也给风险管理和金融监管带来了巨大挑战，特别是行业的低门槛容易放大风险的涉众性。展望未来，需要通过监管来促进互联网金融更好、更健康地发展。

本书的成功问世是非常多人共同努力的结果。首先是财新传媒的胡舒立总编辑，没有她的推动，这本书不会与大家见面。财新传媒的徐晓、张缘完成了本书的后期编辑、设计事宜。南湖互联网金融学院的吕雯博士在本书的完善和出版过程中付出了非常多的精力，王英明、蒋佳秀参与了案例编写，林禹攸进行了格式编辑，夏玉洁进行了一定的内容补充。凡此种种，在此一并致谢。

尽管我们在写作过程做了一定研究工作，在书的汇编出版过程中又得到了很多专业人士的帮助，但是由于能力和精力有限，本书难免有一些疏漏和错误之处，敬请读者批评、指正。

目录

第一讲 互联网金融的基础理论

引言

自我们于2012年首次提出互联网金融概念以来（谢平和邹传伟，2012），这个概念受到了学术界的广泛关注。一种观点认为，互联网金融是一种新的金融模式和运行结构，能够大幅提高金融运行效率（王国刚，2014；吴晓求，2014a，2014b；张晓朴和朱太辉，2014）。另一种观点认为，互联网金融是通过互联网来运作的金融业务，互联网只是一种技术手段（杨凯生，2013；陈志武，2014；殷剑峰，2014）。

关于互联网金融，业界的实践也如火如荼（Goldman Sachs，2014；IIF，2014）。第一，互联网公司进入金融领域。比如，阿里巴巴和腾讯参加了第一批民营银行试点，推出的支付宝和微信支付在第三方支付行业处于领先地位，阿里巴巴的余额宝对基金行业产生了很大影响。第二，传统金融机构积极拓展网上业务。比如，部分银行发展电子商务，以中行"云购物"、工行的融E行和融E购、建行的"善融商务"和交行"交博汇"等为代表；部分银行上线了类余额宝业务；部分银行还发展P2P网络贷款业务，以招商银行的小企业E家以及国开行背景的开鑫贷和金开贷等为代表。第三，一些既不是互联网公司、也不是金融机构的民间机构积极发展 P2P 网络贷款和众筹融资等新兴金融业态，其中以 P2P 网络贷款发展尤为迅速。

2015年7月，中国人民银行等十部委发布了经党中央、国务院批准的《关于促进互联网金融健康发展的指导意见》。该指导意见的高级别说明，互联网金融已是我国金融业发展中的一种新业态，是不同于银行、证券、保险的一种"新型金融业务模式"。该指导意见按照"鼓励创新、防范风险、趋利避害、健康发展"的总体要求，提出了一系列鼓励创新、支持互联网金融稳步发展的政策措施，并按照"依法监管、适度监管、分类监管、协同监管、创新监管"的原则，确立了互联网金融主要业态的监管职责分工，落实了监管责任，明确了业务边界。下一步，"一行三会"还会出台落实该指导意见的监管细则。

夯实互联网金融的基础理论，是互联网金融健康发展的题中应有之义，这正是本文的目标。本文余下部分是这样安排的：第二部分是互联网金融的理论支柱；第三部分是互联网金融的核心特征；第四部分是互联网金融的政策含义。

互联网金融的理论支柱

互联网金融是一个谱系概念，涵盖因为互联网技术和互联网精神的影响，从传统银行、证券、保险、交易所等金融中介和市场，到瓦尔拉斯一般均衡对应的无金融中介或市场情形之间的所有金融交易和组织形式。

一、互联网技术的影响

互联网技术以大数据、社交网络、搜索引擎以及云计算等为代表，体现了三个重要趋势。第一，信息的数字化（McKinsey Global Institute，2011）。各种传感设备逐步普及，很多人类活动逐渐转到互联网上（比如购物、消费和阅读等；3D打印普及后，制造业也会转向线上），互联网上会产生很多复杂的沟通和分工协作方式。在这种情况下，全社会信息中被数字化的比例会越来越高。此外，搜索引擎除了网页检索、查询和排序等功能外，还内嵌了很多智能化的大数据分析工具和IT解决方案，逐渐变成信息处理引擎。在这种情况下，如果个人和企业的大部分信息都存放在互联网（云端）上，那么基于网上信息就能准确评估这些个人和企业的信用资质和盈利前景，而这正是金融交易和风险定价的信息基础（谢平和邹传伟，2012）。第二，计算能力不断提升。在集成电路领域，摩尔定理至今仍有效，而云计算、量子计算和生物计算等还有助于突破集成电路性能的物理边界，达到超高速计算能力（刘鹏，2011）。第三，通讯技术发展。互联网、移动通信网络、有线电话网络和广播电视网络等逐渐融合（杨成和韩凌，2011），高速Wi-Fi的覆盖面越来越广。上述三个方面可称为"颠覆性技术"，人类近80年才出现一次。

二、互联网本身就可以定义为金融市场

互联网对金融的影响将是深远的，不能简单地把互联网视为一个在金融活动中仅处于辅助地位的技术平台或工具。互联网会促成金融交易和组织形式的根本性变化。传统金融中介和市场存在的基础是信

息不对称和交易成本等摩擦性因素（Mishkin，1995）。货币的产生，是为减少由"需求双重巧合"造成的交易成本（Mishkin，1995）。银行的基础理论是 Diamond-Dybvig 模型，核心功能是流动性转换和受托监督借款人（Diamond and Dybvig，1983）。资本市场的基础理论主要是 Markowtiz 资产组合理论、Black-Scholes 期权定价公式以及关于市场有效性的研究等（王江，2006）。保险的基础理论是大数定理（王燕，2008）。然而，互联网能显著降低交易成本和信息不对称，自动"算法"速度远远超过人脑计算，提高风险定价和风险管理效率，拓展交易可能性边界，使资金供需双方可以直接交易，从而改变金融交易和组织形式。比如，储蓄存款人和借款人可以在互联网上通过各种应用程序来解决金额、期限和风险收益上的匹配，互联网还能给出每个借款人的评级和违约概率。互联网作为一个由众多应用程序组成的生态系统，本身就可以定义为金融市场。

随着互联网发展，金融系统将逐渐逼向瓦尔拉斯一般均衡对应的无金融中介或市场情形（(Ma-Colell et al.,1995）。这个认识是我们定义互联网金融的基础。互联网金融是一个谱系概念（图1）。互联网金融谱系的两端，一端是传统银行、证券、保险、交易所等金融中介和市场，另一端是瓦尔拉斯一般均衡对应的无金融中介或市场情形，介于两端之间的所有金融交易和组织形式，都属于互联网金融的范畴。《关于促进互联网金融健康发展的指导意见》把互联网金融分为互联网支付、网络借贷、股权众筹融资、互联网基金销售、互联网保险、互联网信托和互联网消费金融等主要类型，就含有这一思想逻辑。

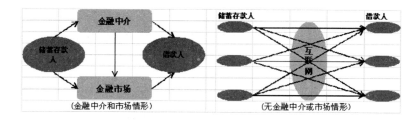

图1、互联网金融谱系的两端

注：箭头表示资金流向。

三、边际成本递减和网络效应

在与互联网有关的领域中，普遍存在以下两个特征（Economides and Himmelberg, 1994），互联网金融也不例外。第一，固定成本很高，但边际成本递减（甚至可以趋近0）。第二，网络效应（也称为网络外部性），即网络参与者从网络中可能获得的效用与网络规模存在明显的相关性。在这种情况下，互联网金融的很多模式只要能超越一定的"关键规模"（critical mass），就能快速发展，从而取得竞争上的优势（Varian, 2003）；反之，在竞争上就会处于劣势。

这种"先行者优势"对互联网金融行业的竞争产生了很大影响。比如，谢平和刘海二（2013）分析了移动支付领域的网络效应及其对推广移动支付的政策含义。又比如，在我国P2P网络贷款行业，"先行者优势"要求P2P网络贷款平台尽快扩张规模，行业中大量存在的本金担保、"专业放贷人＋债权转让"和对接理财的"资金池"等做法即根源于此，但这些也容易引发监管风险（谢平等，2014a）。

四、金融功能和金融契约的内涵不变

互联网尽管影响金融交易和组织形式，但不影响金融的两个关键属性。首先，金融的核心功能不变。互联网金融仍是在不确定环境中进行资源的时间和空间配置，以服务实体经济，具体为：1. 为商品、服务和资产交易提供支付清算；2. 分割股权和筹集大规模资金；3. 为在时空上实现经济资源转移提供渠道；4. 管理不确定性和控制风险；5. 提供价格信息和促进不同部门的分散决策；6. 处理信息不对称和激励问题（Bodie and Merton，2000）。

其次，股权、债权、保险和信托等金融契约的内涵不变。金融契约的本质是约定在未来不确定情景下缔约各方的权利义务，主要针对未来现金流进行。比如，股权对应着股东对公司的收益权和控制权，债权对应着债权人定期向债务人收取本金和利息款项的权利。在互联网金融中，金融契约多以电子形式存在，在网络中建立了有关托管、交易和清算机制。但不管金融契约以何种形式存在，其内涵不变。

互联网金融的核心特征

一、交易成本降低

第一，互联网替代传统金融中介和市场中的物理网点和人工服务，从而能降低交易成本。比如，手机银行本身不需要设立网点，不需要另外的设备与人员等，交易成本显著低于物理网点和人工柜员等方式（CGAP，2010）。

第二，互联网促进运营优化，从而能降低交易成本。比如，第三方支付集成多个银行账户，能提高支付清算效率。在传统支付模式下，客户不能与中央银行之间直接建立联系，而必须分别与每一家商业银行建立联系。在第三方支付模式下，客户与第三方支付公司建立联系，第三方支付公司代替客户与商业银行建立联系。此时第三方支付公司成为客户与商业银行支付清算的对手方，通过采用二次结算的方式实现了大量小额交易在第三方支付公司的轧差后清算，从而能降低交易成本（谢平等，2014a）。

第三，互联网金融的去中介化趋势缩短了资金融通中的链条（后文有详细讨论），能降低交易成本。

二、信息不对称程度降低

在互联网金融中，大数据被广泛应用于信息处理（体现为各种算法，自动、高速、网络化运算），提高了风险定价和风险管理效率，显著降低了信息不对称。

大数据至今未有统一定义。但一般认为大数据具有四个基本特征——数据体量庞大（volume）、价值密度低（value，也有人理解成应用价值巨大）、来源广泛和特征多样（variety）、增长速度快（velocity，也有人理解成需要高速分析能力）。大数据产生的背景是整个社会走向数字化，特别是社交网络和各种传感设备的发展（见第一部分）。大数据有三个主要类型——记录数据、基于图形的数据以及有序数据。云计算和搜索引擎的发展，使得对大数据的高效分析成为可能，核心问题是如何在种类繁多、数量庞大的数据中快速获取有价值信息，主要有两类任务（Tan, et al., 2006；Rajaraman and Ullman, 2012；Provost and Fawcett, 2013）。第一类是预测任务，目标是根据某些属性的值，预测另外一些特定属性的值。第二类是描述任务，目标是导出概括数据中潜在联系的模式，包括相关、趋势、聚类、轨迹和异常等，具体可分为分类、回归、关联分析、聚类分析、推荐系统、异常检测、链接分析等。大数据分析有很强的实用主义色彩。预测在大数据分析中占有很大比重，对预测效果的后评估也是大数据分析的重要内容。大数据与超高速计算机结合，使得相关性分析的重要性将超过因果分析，行为分析的重要性将不低于财务报表分析。

在信贷领域，可以根据大数据来决定动态违约概率。谢平和邹传伟（2012）指出，对某个信用主体，很多利益相关者都可以在互联网上给予评价，这样根据自主信息和主观判断，任何时点都可以知道违约概率，并且是最有效的。总的效果是，地方信息和私人信息公开化，只可意会的信息显性化，分散信息集中化，类似"充分统计量"的指标或指数能反映汇聚来的信息，使信息在人与人之间实现"均等化"。我们把这种状况简称为"大众点评"原理，其可以替代银行内部专业的、线性的信贷评估方法。

证券市场可能同时具有行为金融学（Shefrin and Statman, 1994）和有效市场假说（Fama et al., 1969）描述的特征。一方面，在社交网络的促进下，投资者之间的交流、互动和相互影响会非常有效，个体和群体行为会接近行为金融学的描述（比如 Coviello et al.(2014) 发现，人类情绪可以通过社交网络产生传染效果），进而对单个证券或整个证券市场产生可观测的影响。另一方面，在大数据分析的促进下（内幕信息不属于大数据），市场信息充分、透明，市场定价效率非常高（比如证券定价中的一些复杂计算转化为应用程序，简单化），证券市场会接近有效市场假说的描述。

在保险领域，大数据能提高保险精算的准确性，使保费充分考虑个体差异性，并且动态调整，类似动态违约概率。比如，在非寿险中，保险公司可以为客户提供根据行驶里程及时间定价的保险（pay as you drive），根据驾驶行为定价的保险（pay how you drive），以及可以协助被保险人完善驾驶习惯（manage how you drive）；寿险精算在生命表的基础上，将来会充分考虑个人的基因、家族遗传、饮食运动习惯和职业等，时效性也将进一步提高（王和，2014）。随着精算效率的提高，互联网金融中的保险，将接近完美的风险转移模型——自愿、自由、公平地进行风险转移(Arrow，1970)。第一，保险产品丰富化，对人身和财产方面的每一种风险，均可能出现相应的保险产品。第二，保险费率由公平原则厘定。第三，风险转移给社会中有相应风险偏好的人，由他们自愿承担。

三、交易可能性集合拓展

互联网使交易成本和信息不对称逐渐降低，金融交易可能性集合拓展，原来不可能的交易成为可能（谢平和邹传伟，2012）。比如，在P2P网络贷款中，陌生人之间也可以借贷，而线下个人之间的直接借贷，一般只发生在亲友间。在众筹融资中，出资者和筹资者之间的交易较少受到空间距离的制约，而传统 VC 遵循"20分钟规则"（被投企业距 VC 不超过20分钟车程）。在余额宝中，用户数达1.49亿（2014年三季度），其中，很多不属于传统理财的服务对象。特别需要指出的是，互联网金融所具有的边际成本递减和网络效应等特征，也有助于拓展互联网金融的交易可能性集合。

但交易可能性集合扩大伴随着"长尾"风险。第一，互联网金融服务人群的金融知识、风险识别和承担能力相对欠缺。第二，这些人的投资小而分散，"搭便车"问题突出，针对互联网金融的市场纪律容易失效。第三，个体非理性和集体非理性更容易出现。第四，一旦互联网金融出现风险，从涉及人数上衡量，对社会负外部性很大。因此，金融消费者保护是互联网金融监管的重要内容（谢平等，2014a）。

四、交易去中介化

在互联网金融中，资金供求的期限、数量和风险的匹配，不一定需要通过银行、证券公司和交易所等传统金融中介和市场，可以通过互联网直接匹配。

在信贷领域，个人和小微企业在消费、投资和生产中，有内生的贷款需求（比如平滑消费、启动投资项目和流动资金要求等）。这些贷款需求属于合法权利（即贷款权）。与此同时，个人通过投资使财富保值增值，并自担风险，也属于合法权利（即投资权）。但这些贷款权和投资权都很分散，面临匹配难题和交易成本约束。比如，我国很多地方存在的"两多两难"（企业多融资难，资金多投资难）

问题，就反映了信贷领域的这种摩擦。P2P 网络贷款能缓解贷款权和投资权匹配中的信息不对称，降低交易成本，有存在的必然性。很多传统金融不能满足的贷款权和投资权，通过 P2P 网络贷款得到了满足。在征信基础比较好的地方（比如美国），P2P 网络贷款的生命力就显现出来。此外，P2P 网络贷款平台与借款者之间的重复博弈能抑制诈骗。在大数据背景下，金融民主化、普惠化与数据积累之间有正向激励机制。

在证券领域，在目前的技术条件下，投资者就可以直接在股票交易所开户，不需要通过证券公司，实现百分之百的网络交易，使证券公司的经纪业务没有存在的必要。另外，"融资工具箱"可能出现。在信息足够透明、交易成本足够低的情况下，一些企业（特别是资质比较好的企业）的融资可以不通过股票市场或债券市场等，直接在众筹融资平台（甚至自己网站）上进行，而且各种筹资方式一体化。企业根据自己需要，动态发行股票、债券或混合型资本工具，供投资者选择。投资者可以实时获取自己组合的头寸、市值、分红、到期等信息，相互之间还能进行证券的转让和交易。

在保险领域，会出现"众保"模式（王和，2014）。保险的核心功能是经济补偿，即保险公司基于大数定理为投保人提供针对意外损失的经济补偿。在经济补偿中，没有发生意外损失的投保人通过自己交纳的保费间接补偿了发生意外损失的投保人。在充分竞争的理想情况下，全体投保人支付的保费应该正好能覆盖他们作为一个整体的意外损失敞口（即净均衡原理），保险公司居中起到保费转移支付的作用。"众保"模式则体现了保险的去中介化。在"众保"模式中，一群风险保障需求相当的人可以通过网络签署协议，约定只要有人发生意外损失，其他人均有义务给予补偿，以开展互助。比如我国的"抗癌公社"，其目标是通过网络平台，征集到3万名公社成员，约定一旦有成员患癌，每一名会员提供10元捐助，从而筹集到30万的专项医疗费，并且平台本身非盈利、不经手捐助款（康会欣，2014）。大数据技术使信息越来越透明，对"众保"模式有促进作用。

案例：区块链

互联网技术的不断创新大幅促进了互联网金融的发展，满足了参与者对互联网金融的不同利益诉求，如：降低交易成本、信息公开、交易去中介化等。区块链作为一种新兴的互联网技术，日益成为机构和各国关注的重点。区块链最早作为以比特币为代表的数字货币的底层技术而出现，其自身具有去中心化、可信任性、不可篡改性、可编程性、可匿名性、可追溯性、可开放性等特点。

公认的区块链发展分为三个阶段：区块链1.0阶段是数字货币阶段，这一阶段各类虚拟货币不断出现，满足了市场上的不同需求，但各国法律对虚拟货币匿名性、去中心化的限制，使虚拟货币进展有限；区块链2.0阶段是将区块链拓展到整个金融领域的阶段，这一阶段内，各大金融机构纷纷研究区块链在跨境支付、银行间结算、票据、消费金融、抵押贷款、众筹等业务领域的应用；区块链3.0阶段为全面推广阶段，区块链以其去中心化、透明性、不可篡改性，应用于多种领域，如：智能合约、登记、去中心交易、投票、市场预测等。

虽然区块链发展时间相对不长，但是区块链的应用项目已经在各个方面做了尝试和突破。在金融领域中，中国平安加入的 R3 CEV 是一家金融机构分布式账本联盟，意图创立新的全球金融服务体系；ymbiont 是一个发行区块链智能证券和交易智能证券的平台；数字资产控股（DAH）为金融机构的结算与清算提供分布式账本解决方案；小蚁（AntShares）是通过点对点网络进行登记发行、转让交易、清算交割等金融业务的去中心化网络协议；t0是证券交易平台，让任何人都可以审查证券交易情况，使市场变得更加公平、透明和方便；纳斯达克的 Linq 概念证明项目，使用了区块链技术来管理发行上市前公司的股份。Colu 是通过区块链技术来实现所有权的转移，包括：金融资产（股票、债券、股票）、记录（证书，版权，文件）、所有权（活动门票、代金券、礼品卡）。

在非金融领域，公证通（Factom）参与了洪都拉斯的土地登记项目；BitFury 与格鲁吉亚政府达成了开发登记土地所有权的区块链系统的协议；Eris Industries 是智能合约制作和记录的技术应用平台；比特信（Bitmessage）是一个去中心化通信软件，它基于一个的去中心化和无须第三方提供信用担保协议，不再需要根证书颁发机构；基于众智理论的市场预测软件 Augur；虚拟货币交易智能征税系统 Libra Tax；虚拟货币支付系统 bitpay；小额支付系统 IOTA 等，虽然每一个项目的规模都不大，但已经在尝试使用区块链来完善生活应用的多种场景。

五、支付变革与金融产品货币化

在互联网金融中，支付以移动支付和互联网支付为基础，能显著降低交易成本。另一个可以设想的情景是，所有个人和机构通过互联网在中央银行的超级网银开账户。这样二级银行账户体系就不存在，货币政策操作方式完全改变。比如，中央银行和商业银行竞争存款，中央银行批发资金给商业银行发放贷款。

在互联网金融中，支付与金融产品挂钩，会促成丰富的商业模式。突出例子是以余额宝为代表的"第三方支付＋货币市场基金"合作产品。余额宝通过"T+0"和移动支付，使货币市场基金既能用作投资品，也能用作货币，同时实现支付、货币、存款和投资四个功能。未来，随着支付的发展，在流动性趋向无穷大的情况下，金融产品仍可以有正收益。许多金融产品（或投资品）将同时具有类似现金的支付功能，称为"金融产品货币化"。比如，可能用某个保险产品或某支股票来换取商品。这对货币政策和金融监管都是挑战，需要重新定义货币、支付、存款和投资。

互联网金融中还会出现互联网货币（谢平，2013；谢平和石午光，2015）。以比特币为代表的互联网货币的流行说明了，点对点、去中心化的私人货币（根据密码学和互联网技术设计），在纯粹竞争环境下，不一定比不上中央银行的法定货币。在现代社会，货币不一定总与信用联系在一起（比特币更接近一种人造黄金）。此外，互联网货币天生的国际性、超主权性，丰富了对可兑换的认识。

从理论上可以设想，互联网市场体系中产生多边交易所认可的互联网货币，以"自适应"方式存在于互联网，内生于以互联网为主的实体经济交易中，根据规则自动调整发行量（不是像比特币那样事先限定发行量，而是随着互联网市场运转，货币成比例增长），以保持币值稳定。这种情况下，货币政策也会完全改变。目前主流的货币理论假设货币是外生变量，因此有控制的必要。但对这种内生、超主权的互联网货币，货币政策既不是数量控制，也不是价格控制，而是对经济体中总的风险承担水平的控制，更接近宏观审慎监管。

六、银行、证券和保险的边界模糊

一些互联网金融活动天然就具有混业特征。比如，在金融产品的网络销售中，银行理财产品、证券投资产品、基金、保险产品和信托产品完全可以通过同一个网络平台销售。又比如，P2P网络贷款就涉及银证保三个领域。从功能上，P2P网络贷款是替代银行存贷款。P2P网络贷款还可以视为通过互联网的直接债权融资，美国主要就是SEC监管P2P网络贷款。从保险角度，P2P网络贷款的投资人相当于购买信用保险产品。比如，假设一个投资者有100万元，去银行存款的话，一年期利率是3.5%，年收益为3.5万元；在P2P网络贷款平台上给50个人贷款（假设平均贷给每人2万元），利率在12%-15%之间。在50个借款人中，如果只有3个人违约（假设违约后贷款完全损失），投资者的年净收益为$47 \times 2 \times 12\% - 3 \times 2 = 5.28$万元（按最低利率12%计算），还是高于银行存款的收益3.5万元。这就体现了对大数定理的应用。但也需要指出，互联网金融的混业特征会带来一些监管难题（谢平等，2014b）。

七、金融和非金融因素融合

互联网金融创新内生于实体经济的金融需求，在一定程度上接近于王国刚（2014）提出的"内生金融"概念。一些实体经济企业积累了大量数据和风险控制工具，可以用在金融活动中，代表者是阿里巴巴和京东等电子商务公司。比如，阿里巴巴为促进网上购物、提高消费者体验，先通过支付宝打通支付环节，再利用网上积累的数据发放小额信贷，然后又开发出余额宝，以盘活支付宝账户的沉淀资金并满足消费者的理财需求。阿里巴巴的金融创新经验表明，互联网金融的根基是实体经济，互联网金融一旦离开实体经济，会变成无源之水、无本之木。

不仅如此，共享经济（sharing economy）正在欧美国家兴起，我国也出现了一些案例（Botsman and Rogers，2010）。交换活动普遍存在，只要人与人之间资源禀赋不一样或者分工不一样，就存在交换和匹配。从互联网视角解读市场、交换和资源配置等基本概念可以发现，互联网提高了交换和匹配的效率，使很多原来不可能交易的东西，以交易或共享的方式匹配。比如，打车软件使出租车的市场匹配发生了很大变化，减少了用户排队等出租车的时间，也减少了出租车"扫大街"空驶的情况。将来可能情景是，每辆出租车有若干固定客户，每个客户也有若干出租车司机为他服务，每个人还可以通过市场自行拼车，这样出租车市场的资源配置效率会非常高。再比如住房共享（代表者是美国的 Airbnb 公司），不一定交换房屋产权，但可以交换房屋的使用权。住房共享平台为房东提供在线服务平台，将其未使用的居住空间（包括整套房子、单个房间和床位等）短期租赁给来房东所在城市旅行的房客。通过这种方式，闲置住房资源通过互联网实现共享。

电子商务、共享经济与互联网金融有天然的紧密联系。它们既为互联网金融提供了应用场景，也为互联网金融打下数据和客户基础，而互联网金融对它们也有促进作用，从而形成一个良性循环。未来，实体经济和金融活动在互联网上会达到高度融合（谢平等，2014b）。这就使得互联网金融创新具有非常不同于传统金融创新的特点。

传统金融创新主要是金融产品（契约）创新，即使用金融工程技术和法律手段，设计新的金融产品。部分新产品具有新的现金流、风险和收益特征，实现新的风险管理和价格发现功能，从而提高市场完全性，比如期权、期货和掉期等衍生品。部分创新产品则以更低交易成本实现已有金融产品（及其组合）的功能，比如交易所交易基金。总的来说，传统金融创新强调流动性、风险收益转换。

互联网金融创新则体现了互联网精神对金融的影响。互联网精神的核心是开放、共享、去中心化、平等、自由选择、普惠和民主。互联网金融反映了人人组织和平台模式在金融业的兴起，金融分工和专业化淡化，金融产品简单化，金融脱媒、去中介化，金融民主化、普惠化。因此，互联网金融的很多创新产品与衣食住行、社交联系在一起，经常内嵌在应用程序中，产品实用化、软件化，自适应生成，强调行为数据的应用，一定程度上体现了共享原则。目前的典型案例包括：1.余额宝，如前文指出的，实现了支付、货币、存款和投资的一体化；2.京东白条，本质是"免息赊购＋商品价格溢价"，给消费者一定的信用额度，不计利息，但能从商品价格中得到补偿；3.微信红包颠覆了传统的红包概念，体现了互联网金融在社交中的应用。类似这样的"跨界"创新产品将来会大量出现。

互联网金融的政策含义

互联网金融有消极和积极两方面的政策含义。消极含义是指，互联网金融反映了我国金融体系中的一些低效率或扭曲因素，以及金融监管中存在的一些问题。积极含义是指，互联网金融有助于缓解我国在发展普惠金融上面临的一些难题，并有很强的社会功能。

一、消极含义

互联网金融在我国发展迅速，一个很重要的原因是我国金融体系中的一些低效率或扭曲因素为互联网金融创造了空间。第一，我国正规金融一直未能有效服务中小企业和"三农"金融需求，而民间金融（或非正规金融）有内在局限性，风险事件频发（邹传伟和张翔，2011）。第二，经济结构调整产生了大量消费信贷需求，其中很大部分不能从正规金融得到满足。第三，在目前存贷款利差仍受保护的情况下，银行业利润高，各类资本都有进入银行业的积极性。第四，受管制的存款利率经常跑不过通货膨胀，2008年-2014年股票市场多年不振，再加上近年来对购房的限制，老百姓的投资理财需求得不到有效满足（徐忠等，2012）。第五，目前IPO管理体制下，股权融资渠道不通畅。第六，证券、基金、保险等的产品销售受制于银行渠道，有动力拓展网上销售渠道。在这些背景下，目前我国互联网金融主要针对个人和小微企业的信贷融资需求、一些创意性项目的类股权融资需求、老百姓的投资理财需求以及金融产品销售的"去银行渠道化"，在很大程度上属于普惠金融的范畴。互联网金融对大企业、大项目融资等对公业务的影响还不大。但未来，这些对公业务的比重本身也会下降。此外，我国金融资源长期集中在中央和国有部门。未来10年内，一个可预见的趋势是，大量金融资源将从中央分散到地方，从国有部门转移到私营部门。金融资源分配格局的这种深刻变化，也会促进互联网金融的发展。

互联网金融也显示了我国金融监管体系存在的一些问题（吴晓求，2014b；王国刚，2014）。这一点在余额宝中表现得最为明显（盛松成和张璇，2014）。2014年底，余额宝的规模已超5789亿元。余额宝能达到这么大规模，是由多方面原因造成的。第一，余额宝的资金主要投向银行协议存款，而在利率市场化背景下，协议存款利率（已市场化）高于活期存款（尚未市场化）。第二，余额宝在2013年年中推出适逢"钱荒"，银行间市场利率高企，所以余额宝的投资收益比较高，但2014年以来已逐渐下降。第三，协议存款不用缴准备金，银行能给出高利率。第四，协议存款"提前支取不罚息"，是余额宝流动性的关键保障。这四个原因中，后两个原因有一定监管套利色彩，人民银行已决定协议存款要缴准备金，并且不能有"提前支付不罚息"条款。第二个原因则是暂时性的。第一个原因才是关键，说明老百姓对投资收益非常敏感，并且只要利率市场化没有完成，以余额宝为代表的"第三方支付＋货币市场基金"合作产品就有生存空间。

二、积极含义

互联网金融有助于缓解我国金融体系存在的一些问题。这里面最大的问题是"普惠金融悖论"——金融服务的需求方希望以低成本获得金融服务，而金融服务的供给方则希望以高收益提供金融服务（陆磊，2014）。张晓朴和朱太辉（2014）指出，互联网和移动通信技术降低了金融服务成本，扩大了金融服务边界，特有的网络效应保障了金融服务收益，两方面的结合使得互联网金融在发展普惠金融业务上具有了商业可持续性；从我国实践来看，互联网金融发展更多地惠及三四线城市和农村、偏远地区群体，在发展普惠金融上表现出了不俗效果。Gates and Gates（2015）把移动银行列为未来15年全球四大突破性技术之一，认为移动银行服务将帮助穷人彻底改变生活。

互联网金融有较强的社会功能。张晓朴和朱太辉（2014）指出，互联网金融在创造机会、改善公平、消除贫困和缩小收入差距等方面发挥了传统金融难以替代的作用。从这个意义上讲，互联网金融在一定程度上能回答 Shiller（2012）提出的问题："金融到底在社会发展中扮演怎样的角色？不论作为一门科学、一种职业，还是一种创新的经济来源，金融如何帮助人们达成平等社会的终极目标？金融如何能为保障自由、促进繁荣、促成平等以及取得经济保障贡献一份力量？我们如何才能使得金融民主化，从而使得金融能更好地为所有人服务？"互联网金融将人的发展（即使其中有非完美成分）作为服务目标，通过合理设计的金融产品，使金融更好地服务人的衣食住行和社交需求，激发创业精神和企业家精神，节约交易成本和提高经济活力。

参考文献

[01] 陈志武，2014，《互联网金融到底有多新？》，经济观察报1月6日。

[02] 康会欣，2014，《抗癌公社的众保梦》，《大众理财顾问》第10期。

[03] 刘鹏，2011，《云计算》，电子工业出版社。

[04] 陆磊，2014，《发展具有中国特色的普惠金融体系》，《中国农村金融》第16期，第1页。

[05] 盛松成和张璇，2014，《余额宝与存款准备金管理》，《金融时报》3月19日。

[06] 王达，2014，《美国互联网金融的发展及中美互联网金融比较——基于网络经济学视角的研究与思考》，吉林大学工作论文。

[07] 王国刚，2014，《从互联网金融看我国金融体系改革新趋势》，《红旗文稿》第8期，第9-13页。

[08] 王和，2014，《大数据时代保险变革研究》，中国金融出版社。

[09] 王江，2006，《金融经济学》，中国人民大学出版社。

[10] 王燕，2008，《寿险精算学》，中国人民大学出版社。

[11] 吴晓求，2014a，《中国金融的深度变革与互联网金融》，《财贸经济》第1期，第14-23页。

[12] 吴晓求，2014b，《互联网金融的逻辑》，《中国金融》第3期，第29-31页。

[13] 谢平，2013，《互联网货币》，财新《新世纪》4月1日。

[14] 谢平和刘海二，2013，《ICT、移动支付与电子货币》，《金融研究》第10期，第1-14页。

[15] 谢平和石午光，2015，《数字加密货币研究：一个文献综述》，《金融研究》第1期，第1-15页。

[16] 谢平和邹传伟，2012，《互联网金融模式研究》，《金融研究》第12期，

第11-22页。

[17] 谢平、邹传伟和刘海二，2014a，《互联网金融监管的必要性与核心原则》，《国际金融研究》第8期，第3-9页。

[18] 谢平、邹传伟和刘海二，2014b，《互联网金融手册》，中国人民大学出版社。

[19] 徐忠、张雪春和邹传伟，2012，《房价、通货膨胀与货币政策——基于中国数据的研究》，《金融研究》第6期，第1-12页。

[20] 杨成和韩凌，2011，《三网融合下的边界消融》，北京邮电大学出版社。

[21] 杨凯生，2013，《关于互联网金融的几点看法》，第一财经日报10月10日。

[22] 杨涛和程炼，2015，《互联网金融理论与实践》，经济管理出版社。

[23] 殷剑峰，2014，《"互联网金融"的神话和现实》，上海证券报4月22日。

[24] 张晓朴和朱太辉，2014，《互联网金融将推动金融理论发展创新》，中国金融四十人论坛内部交流论文。

[25] 邹传伟和张翔，2011，《标会套利与系统性标会违约》，《金融研究》第9期，第192-206页。

[26] Arrow, K.J.1970. "Insurance, Risk and Resource Allocation", in K.J.Arrow, Essays in the Theory of Risk Bearing, North Holland, 134-143.

[27] Bodie, Zvi, and Robert Merton. 2000. "Finance" Prentice-Hall Inc.

[28] Botsman R., and R. Rogers. 2010. "What's Mine is Yours: The Rise of Collaborative Consumption" Harper Business.

[29] CGAP. 2010. "Microfinance and Mobile Banking: The Story So Far" Report.

[30] Coviello, Lorenzo, Yunkyu Sohn, Adam D. I. Kramer, Cameron Marlow, Massimo Franceschetti, Nicholas A. Christakis, and James H. Fowler. 2014.

"Detecting Emotional Contagion in Massive Social Networks" PLOS ONE 9 (3): e90315 (12 March 2014)

[31] Diamond D., and P. Dybvig. 1983. "Bank Runs, Deposit Insurance, and Liquidity". Journal of Political Economy, 91(3): 401-419.

[32] Economides N., and C. Himmelberg. 1994. "Critical Mass and Network Evolution in Telecommunications" Working paper.

[33] Fama, E., Fisher, L., Jensen, M. and Roll, R. 1969. "The Adjustment of Stock Prices to New Information" International Economic Review, l0(1): 1-21.

[34] Gates, Bill, and Melinda Gates. 2015. "Our Big Bet for the Future" http:// www.gatesnotes.com/2015-Annual-Letter?page=0&lang=en

[35] Goldman Sachs. 2014. "Overview: Emergence of Internet Finance to Reshape China's Lending Markets" Report.

[36] IIF (Institute of International Finance). 2014. "Chinese Internet Finance: Explosive Growth, Challenges Ahead" Report.

[37] Mas-Colell, Andreu, Michael Whinston, and Jerry Green. 1995. "Microeconomic Theory" Oxford University Press.

[38] McKinsey Global Institute. 2011. "Big Data: the Next Frontier for Innovation,Competition,and Productivity" Report.

[39] Mishkin, Frederic. 1995. "The Economics of Money, Banking, and Financial Markets" Harper Collins College Publishers.

[40] Provost, Foster, and Tom Fawcett. 2013. "Data Science for Business: What You Need to Know about Data Mining and Data-Analytic Thinking" Reilly Media, Inc.

[41] Rajaraman, Anand, and Jeffrey David Ullman. 2012. "Mining of Massive Datasets" Cambridge University Press.

[42] Shefrin H., and M. Statman. 1994. "Behavioral Capital Asset Pricing Theory" The Journal of Financial and Quantitative Analysis, 29(3):323-349.

[43] Shiller, Robert. 2012. "Finance and the Good Society" Princeton University Press.

[44] Tan, Pang-Ning, Michael Steinbach, and Vipin Kumar. 2006. "Introduction to Data Mining" Person Education, Inc.

[45] Varian, Hal R. 2003. "Economics of Information Technology" Working paper.

第二讲 互联网金融模式 [1]

引言

金融服务实体经济的最基本功能是融通资金，是将资金从储蓄者转移到融资者手中。但在一般均衡定理的经典表述中（Mas-Colell et al., 1995, p547, p585），金融中介是不存在的。Mishkin（1995）指出，金融中介存在主要有两个原因。第一，金融中介有规模经济和专门技术，能降低资金融通的交易成本。第二，金融中介有专业的信息处理能力，能缓解储蓄者和融资者之间的信息不对称以及由此引发的逆向选择和道德风险问题。

目前，有两类金融中介在资金供需双方之间进行融资金额、期限和风险收益的匹配：一类是商业银行，对应着间接融资模式；另一类是资本市场（股票和债券市场），对应着直接融资模式。这两类融资模式对资源配置和经济增长有重要作用，但也需要巨大交易成本，主要包括金融机构的利润、税收和薪酬。据估算，2011年中国全部银行和证券公司的利润就达到约1.1万亿元，税收约5000亿元，员工薪酬约1万亿元。

1　本研究受中国金融40人论坛资助。感谢匿名审稿人的意见。

以互联网为代表的现代信息科技，特别是移动支付、社交网络、搜索引擎和云计算等，将对人类金融模式产生颠覆性影响。可能出现既不同于商业银行间接融资、也不同于资本市场直接融资的第三种金融融资模式，称为"互联网直接融资市场"或"互联网金融模式"。过去10年间，类似的颠覆性影响已经发生在图书、音乐、商品零售等多个领域[1]。

在互联网金融模式下，支付便捷，超级集中支付系统和个体移动支付统一；信息处理和风险评估通过网络化方式进行，市场信息不对称程度非常低；资金供需双方在资金期限匹配、风险分担等上的成本非常低，可以直接交易；银行、券商和交易所等金融中介都不起作用，贷款、股票、债券等的发行和交易以及券款支付直接在网上进行。市场充分有效，接近一般均衡定理描述的无金融中介状态，可以达到与现在资本市场直接融资和银行间接融资一样的资源配置效率，在促进经济增长的同时，还能大幅减少交易成本。

更为重要的是，在互联网金融模式下，现在金融业的分工和专业化被大大淡化了，被互联网及其相关软件技术替代了；企业家、普通百姓都可以通过互联网进行各种金融交易，风险定价、期限匹配等复杂交易都会大大简化、易于操作；市场参与者更为大众化，互联网金融市场交易所引致出的巨大效益更加普惠于普通老百姓。这也是一种更为民主化，而不是少数专业精英控制的金融模式。

互联网金融模式已经初现端倪，目前主要体现为手机银行和

1　比如，美国 Borders 等实体书店受电子书和网上书店影响破产，MP3和音乐分享网站重塑了唱片业的商业模式，亚马逊和淘宝等网站冲击了传统零售业。

P2P（peer-to-peer）融资。这种新金融模式意味着巨大的机遇和挑战。对政府而言，互联网金融模式可被用来解决中小企业融资问题和促进民间金融的阳光化、规范化，更可被用来提高金融普惠性，促进经济发展，但同时也带来了一系列监管挑战[1]。对业界而言，互联网金融模式会产生巨大的商业机会，但也会促成竞争格局的大变化。对学术界而言，支付革命会冲击现有的货币理论。

我们首次提出了互联网金融模式的概念，全面介绍了互联网金融模式的代表性案例，并融合经济学分析方法（理论建模和案例分析）、社会学分析方法（对社交网络的分析）以及信息技术知识（对移动支付、搜索引擎和云计算的分析），分三个角度对互联网金融模式进行了详细论述。第一个是支付方式，是金融的基础设施，会影响金融活动的形态。第二个是信息处理。信息是金融的核心，构成金融资源配置的基础，互联网金融模式下的信息处理是其与商业银行间接融资和资本市场直接融资的最大区别。第三个是资源配置，是金融的根本目标，互联网金融模式的资源配置效率是其存在的基础。

互联网金融模式中的支付方式

支付是金融的基础设施，会影响金融活动的形态。互联网金融模式下的支付方式以移动支付为基础，是通过移动通信设备、利用无线通信技术来转移货币价值以清偿债权债务关系（帅青红，2011）。

---

1 在互联网金融模式下，针对于现在金融机构（比如商业银行、证券公司和保险公司）的审慎监管可能将不存在，以行为监管和金融消费者保护为主。

移动支付的基础是移动通信技术和设备的发展，特别是智能手机和掌上电脑（比如 iPhone 和 iPad）的普及。Goldman Sachs（2012）估计全球移动支付总金额2011年为1059亿美元，预计未来5年将以年均42%的速度增长，2016年将达到6169亿美元；移动支付占全球支付市场的比例，2011年约1.0%，2015年将达到2.2%。目前典型的有手机炒股、手机购物支付等，手机和掌上电脑替代信用卡将在不远的将来实现。

移动互联网和多网融合将进一步促进移动支付发展。随着 Wi-Fi、3G 等技术发展，互联网和移动通信网络的融合趋势已非常明显，有线电话网络和广播电视网络也会融合进来。在此基础上，移动支付将与银行卡、网上银行等电子支付方式进一步整合。未来的移动支付将更便捷、人性化，真正做到随时、随地和以任何方式（anytime, anywhere, anyhow）进行支付。随着身份认证技术和数字签名技术等安全防范软件的发展，移动支付不仅能解决日常生活中的小额支付，也能解决企业之间的大额支付，完全替代现在的现金、支票、信用卡等银行结算支付手段。

云计算保障了移动支付所需的存储和计算能力。尽管移动通信设备的智能化程度提高，但受限于便携性和体积要求，存储能力和计算速度在短时期内无法与个人电脑（PC）相比。云计算正好能弥补移动通信设备这一短板，可以将存储和计算从移动通信终端转移到云计算的服务器，减少移动通信设备的信息处理负担（刘鹏，2011）。这样，移动通信终端将融合手机和传统 PC 的功能，保障移动支付的效率。

互联网金融模式下，支付系统具有以下根本性特点：一是所有个人和机构（法律主体）都在中央银行的支付中心（超级网银）开账户（存款和证券登记）；二是证券、现金等金融资产的支付和转移通过移动互联网络进行（具体工具是手机和掌上电脑）；三是支付清算完全电子化，社会基本不再需要现钞流通，就算有极个别小额现金支付，也不影响此系统的运转；四是二级商业银行账户体系将不再存在。如果个人和企业的存款账户都在中央银行，将对货币供给定义和货币政策产生重大影响，同时也会促进货币政策理论和操作的重大变化（谢平、尹龙，2001）。当然，这种支付系统不会颠覆目前人类由中央银行统一发行信用货币的制度。货币与商品价格的关系也不会根本转变，这题目不在此文讨论。但是，目前社交网络内已经自行发行货币，用于支付网民之间数据商品购买，甚至实物商品购买，并建立了内部支付系统。

互联网金融模式中的信息处理

一、关于信息处理的观点

信息是金融的核心，构成金融资源配置的基础。金融信息中，最核心的是资金供需双方信息，特别是资金需求方的信息（如借款者、发债企业、股票发行企业的财务信息等）。Mishkin(1995)指出，在直接和间接融资模式下，主要有两类信息处理方式。第一类是信息的私人生产和出售，是设立专门机构负责搜集和生产区分资金需求者好坏的信息，然后卖给资金供给者。典型的比如证券公司和信用评级机构。商业银行同时是信息生产者和资金供给者，也属于这类方式。第二类是政府管制，即政府要求或鼓励资金需求方披露真实信息。比如政府对会计准则、审计和信息披露的监管，特别针对上市公司。

互联网金融模式下的信息处理是它与商业银行间接融资和资本市场直接融资的最大区别，有三个组成部分：一是社交网络生成和传播信息，特别是对个人和机构没有义务披露的信息；二是搜索引擎对信息的组织、排序和检索，能缓解信息超载问题，有针对性地满足信息需求；三是云计算保障海量信息高速处理能力。总的效果是，在云计算的保障下，资金供需双方信息通过社交网络揭示和传播，被搜索引擎组织和标准化，最终形成时间连续、动态变化的信息序列。由此可以给出任何资金需求者的风险定价或动态违约概率，而且成本极低。这样，金融交易的信息基础（充分条件）就满足了。这与目前 CDS 市场机制类似。谢平、邹传伟（2011）指出，CDS 市场就是用与社交网络和搜索引擎类似的机制，通过市场交易（价格）来产生时间连续、动态变化的违约概率序列，在违约信息揭示上比信用评级机构更有效。将来从理论上讲，任何金融交易产品实际上都隐含着一种 CDS，在任何时点上都可以知道它的违约概率，在这种情况下所有金融产品的风险定价就会非常直观和简易。接下来分别讨论社交网络、搜索引擎和云计算在互联网金融模式下的信息处理作用。

第一，社交网络及其作用。社交网络以人际关系为核心，把现实中真实的社会关系数字化到网上并加以拓展，是个人发布、传递和共享信息的平台，建立了自愿分享和共享机制。社交网络有两个基础。一是人类作为社会动物固有的网络行为，主要有四个特点：交换性[1]、一致性[2]、传染性[3]、传递性[4]（芒戈、康德来克特，2003）。二是互联网和通讯手段的发展，降低了个人发布信息以及与日常生活之外的人联系的成本，产生了一些新的分工协作模式。比如，"人肉搜索"、维基百科的编撰等（Shirky，2008）。在信息内涵上，社交网络蕴含了非常丰富的关系数据，即个体之间接触、联络、关联、群体依附和聚会等方面信息（Scott，2003）。

社交网络的信息揭示作用可以表现为：个人和机构在社会中有大量利益相关者。这些利益相关者都掌握部分信息，比如财产状况、经营情况、消费习惯、信誉行为等。单个利益相关者的信息可能有限，但如果这些利益相关者都在社交网络上发布各自掌握的信息，汇在一起就能得到信用资质和盈利前景方面的完整信息。社交网络使人与人（机构）之间的"社会资本"可以较快积累，是新型的"财富"，人们的"诚信"程度提高，大大降低了金融交易的成本，对金融交易有基础作用。另一方面，也更为严格地约束人们可能的"违约"动机和道德风险。

第二，搜索引擎及其作用。搜索引擎的作用是从海量信息中找

1　人们建立联系并获得宝贵资源的条件，即"礼尚往来""投桃报李"。

2　人们与具有自己相似特征的其他人建立传播网络的倾向，即"物以类聚，人以群分"。

3　思想、信息和观点如何在传播网络内的人与人之间流动，即"近朱者赤，近墨者黑"。

4　如果个体 A 和个体 B 有联系，并且个体 B 与个体 C 有联系，那么个体 A 与个体 C 就有联系，即"朋友的朋友是朋友""敌人的敌人是朋友"。

到最能匹配用户需求的内容。搜索引擎与社交网络融合是一个趋势[1]，体现为社会化搜索的发展。社会化搜索对用户的疑问，不仅能寻找到现有的答案，还会推荐合适的人来回答，或者通过社交关系过滤掉不可信赖的内容（张俊林，2012）。本质是利用社交网络蕴含的关系数据进行信息筛选，进一步提高"诚信"程度。

第三，云计算及其作用。在集成电路的性能逐步逼近物理极限的情况下，云计算使用大量廉价的个人电脑分担计算任务，易扩展、能容错，并保障多备份数据的一致性，使用户按需获取计算能力、存储空间和信息服务（刘鹏，2011）。云计算保障了处理海量信息的能力，对搜索引擎发展有重要促进作用[2]。金融业是计算能力的使用大户，云计算会对金融业产生重大影响。比如云计算可以随时提供任何软件和数据，处理任何与金融交易有关的信息问题，苹果商店与手机的关系已经与此类似。

举几个在互联网金融模式下信息处理的例子。比如，因为信息科技足够发达，自然人出生后的关键信息和行为都被记录下来、可以查询，不准确信息通过社交网络和搜索引擎来核实或过滤。在这种情况下，对个人信用状况的分析将非常有效率。再比如，人们在日常生活中发现某银行服务不好、效率低下，可以把相关信息发到社交网络上，这些信息汇总后有助于评估该银行的盈利和信用前景。

1　从技术上来说，对关系数据的处理一直是搜索引擎的重要组成部分。比如，抓取网页的"爬虫"算法和网页排序的链接分析方法都利用了网页之间的链接关系，属于关系数据。

2　比如实时搜索的计算量很大，Google就是发展云计算的先驱。

而在现代股票市场上，股东仅能以"买入—卖出"来表达自己对盈利前景的判断。

二、关于信息处理的模型

接下来的模型借鉴了 Huang and Litzenberger（1988）第9章对异质信息下金融市场的分析方法，研究互联网金融模式中的信息处理。

1.模型设置和假设

假设市场上有 n 个参与者，他们通过交易一种与 CDS 类似的金融产品来表达对某一个人或机构（称为"标的实体"）违约概率的看法。该金融产品本质是一个两期的金融合约，有买方和卖方两类参与者。在一单位金融产品中，第一期，买方向卖方支付一定对价，记为 s（s 代表了金融产品的价格）；第二期，如果标的实体发生违约，卖方向买方赔付 l，如果没有发生违约，卖方不进行赔付。假设事先确定，而 s 根据市场均衡决定，s 的信息内涵是研究重点。

假设所有参与者在第一期均有一定的初始财富禀赋，以无风险债券形式存在，并且无风险利率等于0。第一期，参与者根据自己掌握的信息、财富和风险偏好决定买卖金融产品的方向和数量。第二期，如果标的实体发生违约，金融产品的买方和卖方之间进行清偿和赔付。假设所有参与者的效用均是第二期财富的函数，具有CARA 形式，并且绝对风险厌恶系数均为 α，即

$$u(w) = -\alpha \exp(-\alpha \cdot w)$$

(1)

用 Y 来集中表示标的实体的基本面信息，比如信用记录、财产、收入和负债等情况。假设标的实体违约服从 Logistic 模型：如果 $Y+e>0$，发生违约；如果 $Y+e\leq0$，不发生违约。其中 e 为随机扰动项，服从 Logit 分布，累计概率分布函数为 $F(e)=\dfrac{\exp(e)}{1+\exp(e)}$。因此，标的实体的违约概率是

$$P=\Pr(Y+e>0)=1-\Pr(e\leq-Y)=\frac{\exp(Y)}{1+\exp(Y)}$$

(2)

假设 Y 中信息分成两类。第一类是所有参与者都掌握的公共信息，用 X 表示。第二类是参与者掌握的私人信息，其中第 i 个参与者的私人信息用 Z_i 表示。引入5个关于信息结构的假设：Ⅰ．$Y=X+\sum\limits_{i=1}^{n}Z_i$，即公共信息与私人信息之间采取简单的线性加和形式；Ⅱ．对任意 i，$E(Z_i)=0$；Ⅲ．对任意 $i\neq j$，$E(Z_j|Z_i)=0$，即不同参与者的私人信息不相关；Ⅳ．对任意 i，$E(Z_i|X)=0$，即公共信息与私人信息不相关；Ⅴ．假设 Ⅰ—Ⅳ 对所有参与者是公共知识。

2. 模型求解

① 代表性参与者的效用最大化问题

以第 i 个参与者为例分析。他根据自己对违约概率的估计，决定在第一期购买或出售金融产品的数量，以最大化期望效用。

首先，第 i 个参与者掌握公共信息 X 和私人信息 Z_i，对标的实体的基本面信息的估计是 $Y_i=E[Y|X,Z_i]$。根据前面假设，$Y_i=X+Z_i$。由此，他对标的实体的违约概率的估计是

$$P_i = \Pr(Y_i + e > 0) = \frac{\exp(X + Z_i)}{1 + \exp(X + Z_i)}$$

(3)

其次，用 w_{i1} 表示第 i 个参与者的初始财富，用 θ_i 表示他第一期购买金融产品的数量，θ_i 大于0表示买，θ_i 小于0表示卖。因此，第二期财富为 $w_{i2} = w_{i1} - \theta_i \cdot s + \theta_i \cdot l \cdot 1_{\{\text{default}\}}$，其中 $1_{\{\text{default}\}}$ 为标的实体是否违约的示性函数，$l \cdot 1_{\{\text{default}\}}$ 表示违约发生时得到赔付 l。

所以，第 个参与者的效用最大化问题为：

$$\max_{\theta_i} \quad E_i\left[U(w_{i2})\right]$$
$$s.t. \quad w_{i2} = w_{i1} - \theta_i \cdot s + \theta_i \cdot l \cdot 1_{\{\text{default}\}}$$

(4)

其中 E_i 表示在第 i 个参与者掌握的信息下求期望。

FOC 是

$$P_i \cdot \exp\left(-\alpha\left(w_{i1} - \theta_i \cdot s + \theta_i \cdot l\right)\right) \cdot (l - s) - (1 - P_i) \cdot \exp\left(-\alpha\left(w_{i1} - \theta_i \cdot s\right)\right) \cdot s = 0$$

由此解出

$$\theta_i = \frac{1}{\alpha l} \ln\left(\frac{P_i}{1 - P_i}\left(\frac{l}{s} - 1\right)\right)$$

(5)

引入单调递增变换 $S = -\ln\left(\dfrac{l}{s} - 1\right)$（或等价地 $s = l\dfrac{\exp(S)}{1 + \exp(S)}$，因为 S 与 s 有相同信息内涵 [1]，以下分析针对 S 进行），并根据(3)，θ_i 可以等价表述为：

1　严谨的说法是，因为 S 和 s 之间存在确定性的一一对应关系，所以 S 和 s 引致的 σ - 代数是相同的。

$$\theta_i = \frac{X + Z_i - S}{\alpha l}$$

(6)

② 模型均衡

均衡条件是市场出清，即金融产品的买卖金额正好相抵，

$$\sum_{i=1}^{n} \theta_i = 0$$

(7)

根据(6)和(7)解出金融产品的均衡价格是

$$S = X + \frac{1}{n} \sum_{i=1}^{n} Z_i$$

(8)

③ 均衡价格的信息内涵

均衡价格(8)体现了互联网金融模式下信用处理的几个主要特点。第一点，各参与者的私人信息通过 $Z_i \rightarrow P_i \rightarrow \theta_i \rightarrow S$ 的渠道，反映在均衡价格中，从而实现了公开化和集中化。第二点，现实中很多私人信息属于软信息范畴，很难不失真地传递给其他人（Petersen，2004）。但参与者将私人信息转化为金融产品买卖 θ_i 后，就揭示出私人信息是正面还是负面，从而将软信息"硬化"成其他参与者能理解的信息。这两点主要反映了社交网络的信息处理作用。

第三点，均衡价格 与标的实体基本面信息 之间存在关系：$Y = X + n(S - X)$。显然 [1]，

$$E[Y|S,X] = Y$$

(9)

所以根据公开信息 X 和均衡价格 S，能完全推断出基本面信息 Y，进而能根据(2)准确估计标的实体的违约概率 P。因此，均衡价格 S 能完全反映市场参与者掌握的信息。这一点主要反映了搜索引擎的信息处理功能，是基于信息检索和排序产生了类似"充分统计量"的指标和指数，能凝练、有效地反映汇聚来的信息。

④ 信息的网络传播

假设在一个时间段内，各参与者的风险厌恶系数、私人信息以及公共信息都不变。假设某一参与者将私人信息通过社交网络传播，不妨设为第 i 个参与者，传播的私人信息为 Z_i。

我们借鉴传染病模型来刻画信息的网络传播。假设在某一时刻 t，参与者中有 $v_t \in (0,1)$ 部分知道 Z_i（称为"知情者"），另外 $1 - v_t$ 部分不知道 Z_i（称为"不知情者"）。假设在接下来一个长为 dt 的瞬间，新增知情者比例为

$$dv_t = \lambda v_t (1 - v_t) dt$$

1　对这一点，需要说明的是，市场参与者可能从金融产品均衡价格中推断出其他参与者掌握的私人信息，并据此修正自己对违约概率的估计，调整买卖金融产品数量，进而影响均衡结果。这属于理性预期均衡的研究范畴。要使模型形成理性预期均衡，需要对信息结构假设做一些调整。因本文重点讨论的是互联网金融模式下的信息如何被汇聚起来，不对理性预期均衡做深入分析。

(10)

即单位时间内新增知情者比例等于知情者比例、不知情者比例与反映社交网络联系紧密程度的参数 λ 的乘积。给定其他条件，社交网络联系越紧密（λ 越大），信息传播速率越高。由 (10) 可以解出

$$v_t = \frac{v_0 \exp(\lambda t)}{1 - v_0 + v_0 \exp(\lambda t)}$$

(11)

其中 v_0 为初始时刻的知情者比例。在 $t \to \infty$ 时，$v_t \to 1$，即足够长时间后，几乎所有人都会变成知情者。

根据 (8) 和 (11)，均衡价格随时间的变化关系是

$$S_t = X + Z_i \cdot v_t + \frac{1}{n} \sum_{i=1}^{n} Z_i$$

(12)

显然 $t \to \infty$ 时，$S_t \to X + Z_i + \frac{1}{n} \sum_{i=1}^{n} Z_i$。即信息在网络中传播本质上是私人信息变为公共信息的过程。这刻画了信息通过社交网络的自愿分享和共享机制传播。

互联网金融模式中的资源配置

一、关于资源配置的观点

互联网金融模式中资源配置的特点是：资金供需信息直接在网上发布并匹配，供需双方直接联系和交易，不需要经过银行、券商或交易所等中介。

典型例子是人人贷（peer-to-peer lender，个人之间通过互

联网直接借贷）替代传统存贷款业务。代表是2007年成立的美国Lending Club 公司，到2012年年中已经促成会员间贷款6.9亿美元，利息收入约0.6亿美元。Lending Club 对符合要求的贷款申请进行内部信用评级，分成 A 到 G 共7个等级。不同信用评级对应不同贷款利率，信用评级越低，贷款利率越高，从6% 到25% 不等。Lending Club 把每份贷款称为一个票据，提供借款者和贷款的信息，放在网站上供投资者选择。对单个票据，投资者的最小认购金额是25美元，能实现风险的充分分散。Lending Club 为投资者提供了构建贷款组合的工具，还提供了投资者之间交易贷款的平台。在贷款存续过程中，Lending Club 负责从借款者处收取贷款本息，转交给投资者，并处理可能的延付或违约情况。

再比如众筹融资（crowd funding，通过互联网为投资项目募集股本金）替代传统证券业务。代表是2009年4月成立的美国Kickstarter 公司，通过网上平台为创意项目融资，到2012年年中已为2.4万个项目筹资2.5亿美元，共吸引了200万名投资者。投资回报以项目产品为主，比如音乐 CD、电影海报等。对每个项目，第一批投资者多为项目负责人的朋友、粉丝和熟人，投资者可以通过Facebook 推荐自己认为不错的项目。2012年4月，美国通过 JOBS 法案（Jumpstart Our Business Startups Act），允许小企业通过众筹方式获得股权融资。

为更好地说明互联网金融模式下的资源配置，接下来以轮转储蓄与信贷协会（Rotating Savings and Credit Association，ROSCA）为参照，对以 Lending Club 公司为代表的人人贷进行分析。

ROSCA 是一种在世界范围内广泛存在的民间金融组织。一般由发起人邀请若干亲友参加（在我国东南沿海，参与者总数多在30人左右），约定每月或每季举会一次。每次各参与者缴一定数量的会款，轮流交一人使用，藉以互助。按收款次序的决定方法，分成轮会、标会等类型。张翔、邹传伟（2007）提出，ROSCA 可视为先收款的参与者与后收款的参与者两两之间借贷关系的集合。尽管有大量文献表明 ROCSA 在促进信贷可获得性和经济发展上有重要作用，ROCSA 崩盘时有发生。张翔、邹传伟（2007，2011）对系统性标会违约的研究表明，ROCSA 主要依靠熟人间的信用网络（特别是发起人的信用担保），存在安全边界，一旦 ROCSA 拓展到相互熟悉的亲友之外，就很难控制参与者的道德风险（主要是在不同 ROSCA 之间进行套利）；ROSCA 有多轮、分期的契约形式，参与者的份额很难转让，退出成本很高（实际是交易成本的一部分），在 ROSCA 出现问题时，参与者的"挤兑"等自利行为容易在集体层面形成囚徒困境，放大风险。

可以得出两个结论。第一，人人贷和 ROSCA 本质上都是两个人之间的直接借贷，都属于直接融资。实际上，根据 SmartMoney 杂志报道[1]，最早进行人人贷业务的美国 Prosper 公司的商业模式就深受 ROSCA 启发。因此，人人贷可以看成现代信息科技与民间金融组织形式结合的产物。

1　SmartMoney, Nov 18 2011, Global Lessons for Better Savings Habits.

第二，在人人贷中，一个投资者可以向成百个借款者发放金额小到几十美元的贷款，这对包括 ROSCA 在内的民间直接借贷是不可想象的。主要有两个因素保障人人贷做到这一点。首先，对借款者的信用评估采取了标准、高效和由独立第三方负责的形式，大大降低了借款者和投资者之间的信息不对称，从而拓展了交易边界，使得现实生活中毫无交集的两个人之间能发生借贷。其次，贷款的认购、交易和本息清收充分利用了现代信息科技，并借鉴了证券市场的一些做法，大大降低了交易成本，便利了资金供需的匹配，还能获得风险分散的好处。

推而广之，我们认为，在移动支付、社交网络、搜索引擎和云计算等现代信息科技推动下，个体之间直接金融交易这一人类最早金融模式会突破传统的安全边界和商业可行边界，焕发出新的活力。在供需信息几乎完全对称、交易成本极低的条件下，互联网金融模式形成了"充分交易可能性集合"，双方或多方交易可以同时进行，信息充分透明，定价完全竞争（比如拍卖式）。各种金融产品均可如此交易。这种资源配置方式最有效率，社会福利最大化，也最公平，供需方均有透明、公平的机会，诸如中小企业融资、民间借贷、个人投资渠道等问题就容易解决。不认识的人（企业）可以通过"借贷"而形成社交网络关系，成为"熟人"，进而拓展了其他合作的可能性，如投资入股、买卖产品等。

这里面的核心概念是"交易可能性集合"，接下来说明此概念并分析信息不对称程度、交易成本的影响。

二、"交易可能性集合"的概念

定义"交易可能性集合"为：一对或多对融资者和储蓄者的集合，其中每对融资者和储蓄者中，融资者能承受的最高融资成本高于储蓄者能接受的最低融资收益率。"交易可能性集合"强调的是，根据融资者和储蓄者对融资价格的考量，双方在理论上有达成交易的可能性。而现实中，储蓄者往往面临预算约束和多个融资者，要在不同融资者之间配置资产，是否与某一融资者交易取决于非常复杂的条件，这就不属于"交易可能性集合"关心的内容。

1.融资者能承受的最高贷款利率

用 I 表示融资者的集合。假设融资者均为风险中性。考虑某一个融资者 $i \in I$。假设融资者 i 的自有资金为 E_i，需贷款 [1]L_i 才能启动一个规模为 $E_i + L_i$ 的项目，项目预期收益率为 μ_i，成功概率为 θ_i，成功时收入为 $\dfrac{(1+\mu_i)(E_i+L_i)}{\theta_i}$，而失败时收入为0。假设融资者不贷款时，财富仍会保持在 E_i。用 f_i 表示贷款利率，用 $l_i = \dfrac{L_i}{E_i}$ 表示融资者的债务／权益比或杠杆率。

融资者进行贷款的条件是，项目投资收入扣除贷款本息后的期望净利润不低于 E_i，即 $(1+\mu_i)(E_i+L_i) - \theta_i(1+f_i)L_i \geq E_i$，等价于：

$$1+f_i \leq \frac{1+\mu_i+\mu_i/l_i}{\theta_i}$$

---

1 即融资采取贷款形式，实际上相关经济学逻辑也适用于其他融资形式，比如优先股、普通股和可转债等。

(13)

给出了融资者能承受的最高贷款利率，说明：预期收益率越高（μ_i 越大）、项目风险越高（θ_i 越小）、杠杆率越低或自有资金比重越高（l_i 越小），融资者能承受的贷款利率越高。

2. 储蓄者能接受的最低贷款利率

用 J 表示储蓄者的集合。假设储蓄者均为风险中性。考虑某一个储蓄者 $j \in J$。假设储蓄者 j 的资金成本（或机会成本）是 r_j。假设储蓄者 j 与融资者 i 之间存在交易成本和信息不对称。交易成本主要来自支付清算和信用评估的成本。假设交易成本等于贷款金额的 c_{ij} 倍，其中 $c_{ij} > 0$，c_{ij} 越大，交易成本越高。假设即使在付出信用评估成本后，储蓄者 j 仍不能准确评估融资者 i 的成功概率，而是将融资者 i 的成功概率低估成 $(1 - \lambda_{ij})\theta_i$，其中 $\lambda_{ij} \in (0,1)$，λ_{ij} 越大，信息不对称程度越高。

储蓄者放贷的条件是，违约调整后的放贷收益率高于储蓄者的机会成本，即 $(1 - \lambda_{ij})\theta_i(1 + f_i) - c_{ij} \geq 1 + r_j$，等价于

$$1 + f_i \geq \frac{c_{ij} + 1 + r_j}{(1 - \lambda_{ij})\theta_i}$$

(14)

给出了储蓄者能接受的最低贷款利率，要补偿资金成本、交易成本和融资者的风险，并且有针对信息不对称的溢价。

3. "交易可能性集合"

一对融资者和储蓄者之间发生交易的必要条件是，融资者能承受的最高融资成本高于储蓄者能接受的最低融资收益率。根据 (13)

和 (14),等价于

$$c_{ij} + (1 + \mu_i + \mu_i / l_i) \lambda_{ij} \leq \mu_i + \mu_i / l_i - r_j$$

(15)

中只有 c_{ij} 和 λ_{ij} 与融资者和储蓄者之间的关系有关,是重点关注对象。在其他参数不变的情况下,交易成本(c_{ij})越小或信息不对称程度(λ_{ij})越低,(14)越可能被满足,即融资者与储蓄者之间越可能发生交易。

综合以上分析,"交易可能性集合"为

$$\left\{ (i, j) \middle| i \in I, j \in J, c_{ij} + (1 + \mu_i + \mu_i / l_i) \lambda_{ij} \leq \mu_i + \mu_i / l_i - r_j \right\}$$

(16)

"交易可能性集合"有三个主要特点。第一,"交易可能性集合"取决于融资者群体和储蓄者群体之间的交易成本和信息不对称程度,不同的交易成本和信息不对称程度对应着不同的"交易可能性集合"。

第二,在其他条件不变时,融资者群体和储蓄者群体之间的交易成本或信息不对称程度越低,"交易可能性集合"越大,越来越多的融资者和储蓄者之间有发生交易的可能,这在一定意义上是"金融深化"。

第三,假设交易成本和信息不对称程度均趋近于不存在(即 $c_{ij} \to 0, \lambda_{ij} \to 0$),"交易可能性集合"趋近于

$$\left\{ (i, j) \middle| i \in I, j \in J, \mu_i + \mu_i / l_i \geq r_j \right\}$$

(17)

即在信息几乎完全对称、交易成本极低的情景下,只要融资者的(经杠杆调整的)期望收益率超过储蓄者的机会成本,理论上两者就有发生交易的可能,称为"充分交易可能性集合"。

小结

我们提出了互联网金融模式的概念，并研究了其支付方式、信息处理和资源配置，认为互联网金融模式能通过提高资源配置效率、降低交易成本来促进经济增长，将产生巨大的社会效益。

目前，我国在互联网金融模式方面主要有以下进展。一是央行给三大移动运营商发放了第三方支付牌照。二是兴起了一批人人贷公司。三是一些机构借鉴人人贷模式或社交网络信息解决中小企业融资难问题，比如阿里小贷公司[1]。但也出现了一些问题，银监会2011年发布通知（银监办发［2011］254号）向商业银行提示人人贷的潜在风险。

我们认为，目前以手机银行和P2P融资为代表的互联网金融模式为个人提供了新的投融资渠道和便利，满足了普通民众的金融需求，手续简便、方式灵活，是现有银行体系的有益补充，在经济学上有合理性，在发展初期遇到一些问题在所难免，不能因为出现问题就将其扼杀在襁褓之中。互联网金融模式中肯定存在不少技术和商业难题，要有信心找到解决方案，不能因为今天的困难就无视未来的机会。

---

1 "淘宝网"类似社交网络，商户之间的交易形成的海量信息，特别是货物和资金交换的信息，显示了商户的信用资质，阿里小贷公司就利用了这些信息给一些商户发放小额贷款。

参考文献

[01] 刘鹏主编，2011：《云计算》，电子工业出版社。

[02] 芒戈、康特拉克特，2003：《传播网络理论》，中译本，陈禹、刘颖等译，褚建勋等审核，中国人民大学出版社。

[03] 帅青红主编，2011：《电子支付与结算》，东北财经大学出版社。

[04] 谢平、尹龙，2001：《网络经济下的金融理论与金融治理》，《经济研究》第4期。

[05] 谢平、邹传伟，2011："CDS的功能不可替代"，《金融发展评论》第1期。

[06] 张俊林，2012：《这就是搜索引擎：核心技术详解》，电子工业出版社。

[07] 张翔、邹传伟，2007："标会会案的发生机制"，《金融研究》第11期。

[08] 邹传伟、张翔，2011："标会套利与系统性标会违约"，《金融研究》第11期。

[09] Goldman Sachs, 2012, "Mobile Monetization: Does the Shift in Traffic Pay?"

[10] Huang, Chi-fu, and Robert H. Litzenberger, 1988, " Foundations for Financial Economics", Elsevier Science Publishing Co., Inc.

[11] Mas-Colell, Andreu, Michael Whinston, and Jerry Green, 1995, "Microeconomic Theory", Oxford University Press.

[12] Mishkin, Frederic, 1995, "The Economics of Money, Banking, and Financial Markets", Harper Collins College Publishers.

[13] Petersen, Mitchell A., 2004, "Information: Hard and Soft", Working Paper, Kellogg School of Management.

[14] Scott, John, 2000, "Social Network Analysis: A Handbook", Sage Publications, Inc.

[15] Shirky, Clay, 2008, "Here Comes Everybody: The Power of Organizing without Organizations", Penguin Press.

第三讲　金融产品货币化

互联网条件下，金融创新层出不穷，货币呈现出许多新颖的特征。比如，近年来各类互联网货币市场基金快速发展，这类基金可以作为投资品获得收益，又能便捷地作为支付工具使用。它们给银行存款，特别是活期存款造成了很大的冲击。另外，数字加密货币，特别是 Bitcoin 的发展引人注目，美国商品期货交易委员会计划将其定义为大宗商品。当人们使用这种虚拟货币时，支付过程完全独立于银行体系。与现实交易媒介多样化相适应的是，一些经济学家对传统货币理论提出了质疑。其中，以 Fama（1980）为代表的新货币经济学者认为在技术高度发达、没有法律限制的条件下，基金、债券等金融产品可以和传统货币一样作为支付工具；斯蒂格利茨等（2005）指出，"现代经济学，特别是货币理论面临的一个核心困境是，在发达经济体中，大部分货币是生息的"，"公众能够以国库券为载体进行交易"；同样诺贝尔学者西姆斯（2015）也认为，"随着技术进步，各种类型的资产都将有可能用来结账，成为货币"。我们将金融产品（或投资品）具有类似传统货币交易媒介功能，称为金融产品货币化。针对金融产品货币化问题，本文从两个层次展开研究。

第一个层次，对金融产品货币化相关文献进行整理，分析主要的问题和争议的焦点。在现代货币理论中，新货币经济学明确提出了货币职能分离的思想，探讨了金融产品作为交易媒介对经济和货币政策的影响。新货币经济学代表人物包括 Black（1970）、Fama（1980，1983）、Hall（1982）、Greenfield and Yeager（1983）、Wallace（1983）和 Cowen and Kroszner（1987，1994）等，Cowen（2011）描述了新货币经济学最新的一些进展。新货币经济学引起了广泛的关注。White（1984，1987，1999）、Mccallum（1985）、Hoover（1988）、Dowd（1996）、Krueger（1999，2012）等提出了针锋相对的观点，其中 White 发展了货币制度理论，最近发表了对数字加密货币的研究（White，2015）。国内关于新货币经济学的文献可以参考江晴（2005）、焦成焕（2005）等。本文将综合新货币经济学及其反对者关于金融产品货币化的观点和最新进展。

　　第二个层次，考虑到新货币经济学在解释金融产品货币化问题上的困境，进一步探索能够涵盖金融产品的货币一般观点。运用一般观点的市场理论解释不同时期的货币现象。同时，本文将研究互联网对市场和金融产品货币化的影响。即使20世纪八、九十年代杰出的货币经济学家显然也没法设想第三方支付、数字加密货币等互联网条件下技术和制度创新。这些创新是否推动了市场的发展，提供了解决金融产品货币化问题的新思路？目前还没有相关研究文献。本文将尝试回答这些问题。为方便论述，文中传统货币特指中央银行货币和活期存款等可用于流通的商业银行负债，金融产品包括除传统货币以外债券、股票和基金等各类金融资产。

金融产品和传统货币资产特征的差异

研究金融产品和传统货币之间的区别是分析金融产品货币化问题的起点。托宾等（2015）对资产（包括传统货币和金融资产）的特征进行了全面的分析。他将资产的特征归纳为流动性、可逆性、可分性、价值的可预见性、收益和回报。进一步，在回答哪些特征对货币是最重要的，这些特征使得货币不同于其他资产？托宾没有从资产的基本特征分析，而是补充定义了资产在交易中的可接受性，并视为货币所特有的性质。对于哪些资产可以被接受为支付手段，托宾认为这取决于法律制度和社会习俗，不是经济理论能解释的。Laidler（1969）的观点被较多引用作为区分货币和金融产品的依据。文章针对哪些金融产品可以被视为货币的问题分析了两种观点。一种观点是考察金融产品能不能和货币一样被作为普遍接受的交易媒介；另一种观点来自 Pesek and Saving，将货币视为一种净财富，分析金融产品是否满足净财富的要求[1]。在分析第一种观点时，Laidler 认为货币可以被定义为一种特殊资产，容易存储、容易变现、相对没有风险。在区分货币和非货币金融资产时，转换成本至关重要。文章没有对转换成本进一步研究。除了转换成本，流动性通常被作为货币的最主要特征。比如，汉达（2013）在分析宏观经济建模时将对象分为四类，其中货币的流动性最高，充当支付媒介，其他三类（包括商品、劳动和债券）流动性较差，不能直接用来交换商品。无论使用转换成本或流动性作为货币的主要特征，困难在于，

1　对第二种观点的分析可以参见（盛松成等，2012）。

随着市场的发展，金融产品的流动性大大改善，那些富于流动性的金融产品是否也应该纳入货币的范畴？

与试图严格区分货币和其他资产的思想不同，另一种观点认为这种区分意义甚微或者没有意义。比如，拉德克里夫报告指出，"在一个高度发达的金融体系里，存在着很多富有流动性的资产，都可以近似替代货币"，因此从货币性的角度，这种区分没有意义。新货币经济学认为在技术高度发达和取消法律限制的条件下，传统货币和非货币之间没有本质区别。其中，Black（1970）分析了实物商品、股票、债券、担保票据和银行券等分别作为交易媒介的情景。Fama（1980）描述了一种高度发达的电子记账系统，交易通过账户资产的记账操作完成，交易媒介可以是类似"存款"的投资组合基金。Greenfield and Yeager（1983）建议使用一种共同基金份额充当交易媒介，基金主要投资各类商业或个人贷款、股票和债券等原始证券。Cowen and Kroszner（1994）认为交易媒介可以是股票或其他计息资产，价值随时间波动。从刘易斯和米曾（2008）、盛松成等（2012）的著作中，我们可以充分认识到从资产特征上区分货币的困难。资产特征的差异很难解释货币和金融产品的本质区别。

货币职能分离的争议和新货币经济学的困境

将金融产品作为交易媒介，面临的最大理论挑战来自于货币职能是否可以分离。通常认为，货币作为交易媒介、一般等价物和价值储藏手段的职能是统一的。货币职能是否必须统一是一个货币理论的基本问题，但似乎被简单忽视了。Hicks（1989）认为，货币职能可以不统一。新货币经济学提出了更加鲜明的观点：为何货币职能必须统一？货币职能分离又如何？针对货币职能分离的问题，新货币经济学及其反对者展开了激烈的讨论。

货币演化和货币职能分离

Black（1970）认为在没有法律限制的条件下货币职能会自然分离。与此不同，White（1984，1999）认为货币职能统一是货币自然演化的结果。White重新阐述了Menger的理论。在发展早期，人们面临物物交换双向耦合的困难。在交换过程中，不同的商品表现出不同的可市场化程度，人们意愿持有市场化程度高的商品提高交换效率。商品的交换能力具有自我强化的特点。一种商品交换能力越强，人们更愿意持有这种商品交易。随着作为交易媒介商品之间的竞争，某些商品成为普遍被接受的交易媒介，并被作为一般等价物。因此，"货币并不起源于统治者的法令"，"记账媒介自然而然地与普遍接受的交易媒介或货币相一致"。针对White等人的观点，Cowen and Kroszner（1994）和史密森（2004）认为，货币职能统一可能不是货币演化的终点，随着技术和市场发展，货币职能将再次分离。

货币职能分离的交易成本

从货币演变的过程可以看到，交易成本起到了重要作用。那么，货币职能分离面临哪些交易成本？表1对相关文献涉及的交易成本、交易方式和法律限制进行了整理。

表1、货币职能分离相关的交易成本、交易方式和法律限制

序号	名称	类别	序号	名称	类别
1	需求双向耦合的困难	交易成本	17	通过银行支付	交易方式
2	交易策略的预期	交易成本	18	中介成本	交易成本
3	信息成本	交易成本	19	机会成本	交易成本
4	价格的最新信息	交易成本	20	技术成本	交易成本
5	重新估价	交易成本	21	协商成本	交易成本
6	买卖价差	交易成本	22	交易媒介转换成本	交易成本
7	价格不确定性	交易成本	23	支付技术	交易成本
8	小额交易	交易方式	24	支付网络和清算、结算机制	交易成本
9	匿名性	交易方式	25	签约处置	交易成本
10	提前或延迟支付	交易方式	26	违约处置	交易成本
11	交易市场	交易方式	27	社会习俗和习惯	法律限制
12	信任	交易成本	28	法律制度	法律限制
13	使用偏好	交易方式	29	法定额度大小	法律限制
14	货币收益	交易成本	30	法定禁止流通	法律限制
15	销售者（或购买者）的自利行为	交易方式	31	禁止中介套利	法律限制
16	记名流通	交易成本			

  需要指出，在货币发展的不同阶段，起主要作用的交易成本是有差异的。在商品货币时期，商品的物理特征在于它们被作为一般交易媒介的选择上起了决定性的作用。耐久性、可分性、可携带性以及容易鉴定等特征，使黄金等金属货币在市场中更容易交换。纸币时期，虽然债券、股票等也采用和货币一样纸质的形式，但将这些证券作为交易媒介仍然面临高昂的交易成本，比如定价成本（或者重新定价的成本）。White（1987，1999）以简单的附息债券为例指出，债券计息的复杂性阻碍了它被广泛接受为交易媒介。相对于通货而言，附息债券的现值随利息率的变化而变动，经济活动双方使用债券交易时需要进行复杂计算从而增加交易成本，这使得人们没法自然地使用附息债券作为一般交易媒介。特别是日常小额交易中，交易成本往往大于交易金额。同时，金融产品作为交易媒介的价格是波动的，经常需要根据新信息重新定价。在信息时代，交易

成本进一步变化。新货币经济学认为在交易成本很低的时候，将出现流动性好的金融资产作为交易媒介。在这种情况下，货币交易媒介和一般等价物的职能由不同的商品承担。Cowen and Kroszner（1994）分析了货币职能分离的主要原因。第一，金融资产的收益可能超过了货币职能分离的成本。第二，使用不同的金融资产作为交易媒介可以满足了人们不同的偏好需求。

货币职能分离的法律限制

新货币经济学法律限制学说认为，法律限制是政府债券无法作为货币流通的主要原因（Wallace，1983）。法律限制具体体现在两个方面：第一，政府倾向于发行大面值的国库券，限制小面额的储蓄债券流通；第二，法律限制私人银行直接基于政府债券发行小面值、有息的银行券，禁止无风险套利。White（1987）指出 Wallace 忽视了国库券作为交易媒介所需额外的交易成本，他还考察了1844年之前苏格兰自由银行期间的情况，运用历史检验的方法反驳了 Wallace 的结论。那段历史表明，在没有限制的条件下，银行券和有利息的资产共存。Andolfatto（2006）认为法律限制学说的第二个假设也不成立，现实中私人银行可以基于政府债券发行小额有息银行券。但是私人银行券不具备充分的可赎回性，使得中央银行货币和政府发行的债券可以共存。有意思的是，White（1987）同时也指出，在不同的技术条件下，Wallace 的结论可能是正确的。除此之外，White（2015）的研究指出，缺少限制的数字加密货币作为货币或者替代品，其职能是分离的，一般被用作交易媒介，很少作为一般等价物。

对金融产品货币化可接受性的质疑

关于交易成本的讨论并没有结束。货币的可接受性是问题的关键。Dowd（1996）指出，交易媒介的可接受性具有网络效应，主导的交易媒介未必是最有效的媒介（或者交易成本最低的媒介）。他引用了 Kiyotaki and Wright（1989）的观点，货币均衡不仅取决于交易媒介的商品特征，而且依赖于人们对彼此交易策略的预期，不能保证最低成本的商品被选为交易媒介。所以即使考虑技术和市场的发展降低了金融产品的某些交易成本，由于交易双方具有不同的风险偏好，将金融产品作为交易媒介仍然面临双向耦合的问题，金融产品作为交易媒介的可接受性值得怀疑。Greenfield and Yeager（1983）提出一种解决方案。当面临这种不一致时，购买者可以指示提供支付服务的"银行"在市场上卖出个人偏好的作为支付手段的金融产品，同时在市场上购买销售者所偏好的金融产品支付到销售者的"银行"账户。Krueger（2012）详细分析了上述方案。他假设交易由购买者通过金融市场交易商完成。将交易过程的成本分为中介成本、机会成本、技术成本、协商成本和交易媒介转换成本，并运用交易商定价模型进一步研究了中介成本中买卖价差的问题。Krueger 认为，尽管交易增多可以减少交易商单次买卖的成本，但金融产品货币化增加了交易媒介种类，导致交易商处理信息的成本随交易量增长快速增加，相比之下，传统货币交易成本更低。需要强调的是，Krueger 的研究基于买卖双方具有不同交易媒介偏好，金融市场被动满足这种偏好。除了指出的问题以外，我们可以看到，Greenfield and Yeager 方案的另一个挑战是，购买者为完成交易需要承担支付过程中额外的成本和风险，影响了购买者使用金融产品交易。

小结

以上对新货币经济学及其反对者关于货币职能分离和金融产品货币化的观点进行了整理。新货币经济学认为，在交易成本大幅下降、取消法律限制的条件下，货币职能可以分离，金融产品作为交易媒介流通。其观点具有颠覆性和前瞻性。但新货币经济学没有很好地解决双向耦合和货币可接受性问题，所设想的"精密的物物交换系统"仍然面临诸多疑问。研究金融产品货币化需要我们更深入地研究货币的发展规律和本质。

"市场创造自身货币"的新思考

新货币经济学是对现实经济活动的高度抽象和简化，在分析利率、价格水平等问题时同样面临层层的困难。研究金融产品货币化需要我们探索能够涵盖金融产品的货币一般观点。货币一般观点最早是 Hicks 于1935年提出，他认为，不同的证券可以根据流动性构成一个序列，货币处在这个序列的顶端，具有充分的流动性。随着技术和市场的发展，不同证券的流动性增强，向序列的货币一端移动，从而增加了证券的货币性。在 Hicks 最后一部著作中（Hicks，1989），他将货币一般观点进一步发展成货币的市场理论。Hicks 认为"市场创造自身货币"。货币不仅产生于市场，而且随着市场的发展而不断的演进。Clower 也提出了类似的观点，并且特别强调了市场中介对货币的意义（Walker，1984）。可以应用货币市场理论分析了银行信用货币发展过程（Hicks，1989；White，1999）。银行存款最初是作为简单金融产品出现的，这种产品便捷了人们存储实物货币和支付的需求；同时，规模经济促进了银行间的合作，使得单个银行存款的支付作用不再局限于一个狭小的地域。这类有组织的支付活动极大地降低了交易费用，银行信用被普遍作为支付手段，此时它"成了一种充分发展的货币"。货币的市场理论不仅较好地解释了货币历史的发展，同时相对其他货币本质的观点，显然更具有生命力。

如果比较其他金融产品，银行货币最显著的特点是它的价格特征。我们着重考察银行券价格的市场形成机制。对于发行银行券的银行而言，它是一个特殊的市场主体，它承诺以法定货币（黄金或中央银行货币）等额买卖自身发行的银行券。其他银行是另一类特殊的市场主体，它们也愿意等额或者一定折扣买卖不是自己发行的银行券，原因在于相互买卖可以促进银行间的合作，对自身也是有利可图的。考虑到银行覆盖的地域广、机构数量多、自身信用高等特点，人们将愿意接受银行券，即使心存疑问，他们也可以比较便捷地将交易的银行券通过银行换取为法定货币，或者直接存入自己信任的银行。当这种疑虑不能消除时，银行券可能无法流通。分析可见，银行货币的价格是市场形成的。

信息技术的发展使得银行货币的市场交易悄然发生了变化。新技术条件下，银行货币以电子化形式存储，付款人可以方便地直接将银行货币卖给发行该产品的银行，依靠该银行为收款人购买收款人银行发行的银行货币，最终完成交易。在这个过程中，人们只需要和自己信任的银行打交道，并接受发行银行货币的银行对该产品的买卖价格。在市场竞争中，电子银行货币逐步成为市场交易中的主要货币。我们可以将货币市场交易的过程一般化（见图1）。假设付款人持有金融产品 A（或银行货币），收款人希望持有金融产品 B（或银行货币）。金融机构 A 提供金融产品 A 的买卖价格（如同金融市场做市商）和提供支付服务；金融机构 B 提供金融产品 B 的买卖价格。交易总额由付款人和收款人约定，以法定货币表示。在交易中，金融机构 A 从付款人手中按买入价格买入金融产品 A，并为付款人提供支付服务，按金融机构 B 提供的金融产品 B 的卖出价格，为收款人从金融机构 B 中买入金融产品 B。金融机构 A 和金融机构 B 之间的支付清算可以通过银行或非银行网络实现。金融机构 A 和金融机构 B 可以是同一家机构，不需要通过支付网络。如果付款人和收款人期望同一种金融产品作为交易媒介并且能对价格形成共识，甚至可以不通过中介直接交易。这种交易实际中已经发生。实现路径有多种，比如，把金融产品（债券、股票、保险单据）抵押，在获得临时信用支持的基础上，保留金融产品货币收益；在企业收购、兼并中，直接用股权交易（对价）；以及用金融产品直接偿还债务等。需要指出，如果进一步考虑金融机构可以提供信用支付的服务，那么货币市场交易的一般过程将更加复杂。

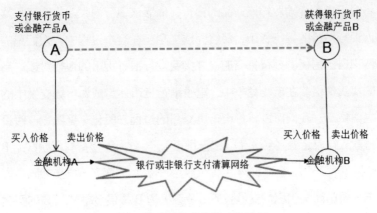

图1、货币市场交易的一般过程

货币市场交易揭示了货币交易的本质，更幸运的是，它提供了解决金融产品货币化可接受性的理论基础。问题是，非银行金融机构为什么愿意提供支付服务？一方面，提供支付服务可以增加对金融产品的需求，金融机构可以更好地发挥规模效应；另一个方面，大数法则使得金融机构相对容易管理流动性。剩下的问题，过去个人和金融机构、金融机构和金融市场、以及金融机构和金融机构之间信息传递的交易成本如此之高，以至于除了银行货币以外其他形式的货币是很难想象的。

互联网带来了市场和货币的深刻变化

互联网自20世纪九十年代全面开放以来飞速发展，已经深刻改变人们的生产、生活方式。其中，互联网支付技术和制度创新引人注目。

互联网支付技术和制度创新

在互联网条件下，银行支付面临来自非银行支付的竞争。即使在中国边远的内陆地区，人们也能深切感受到支付创新带来的变化。当使用手机叫车软件时，通过手机支付，可以避免找零钱。这种支付活动是通过第三方支付实现，银行在支付活动中的作用大大弱化了。除了支付便捷以外，第三方支付比传统银行支付更符合商业规范的交易安排，比如淘宝购物15天款项支付卖家。买家如果发现商品有质量问题，可以申请不付款，支付的金额返回自己的支付账户。新颖的非银行支付方式还包括运用于非洲地区的手机短信支付（刘海二，2013；温信祥等，2015）。根据 BIS（2014）的调查，目前二分之一的网络支付和移动支付服务由非银行机构单独或与银行一起提供。点对点支付是互联网条件下支付创新的另一种形式。在点对点支付的方式中，既没有银行等金融机构也没有第三方支付公司参与，整个支付过程完全由基于网络 P2P 技术和密码学的计算机程序自动完成。目前点对点支付主要应用于数字加密货币（谢平等，2015）。吴晓灵（2014）认为数字货币支付技术对价值传递手段创新具有重要意义。在互联网条件下，货币制度同样得到新的发展（谢平等，2014、2015），已经影响传统货币的"法定地位"。除了第三方支付机构冲击商业银行传统支付垄断地位以外，网络社区虚拟货币，Bitcoin、Ripple 等数字加密货币的发展将弱化主权货币，并动摇中央银行的中心地位；而美国加州"数字货币合法"法案给数字货币全球化开了绿灯，未来可能冲击主权货币等。互联网货币全球特性使得各国都面临制度创新的压力。

统一互联网市场和金融产品货币化

互联网提供了连接个人、金融中介、金融市场等市场主体之间高效、可靠的网络，推动了市场和货币的深刻变化。在传统货币理论中，对货币交易市场的描述是比较简单的。交易者如果不携带货币将很难在市场上直接通过物物交换的方式获得自己需要的商品。与债券、股票交易等集中式的、有组织的金融产品市场不同，货币理论中交易市场是一种一对一的、分散的，并且缺乏组织的简单市场。在互联网条件下，传统市场向统一的有组织互联网市场演进（图2）。在互联网市场中，交易双方可以便捷地通过金融中介完成支付，金融中介通过特定金融市场的买卖为交易双方提供多样化的金融产品作为交易媒介。进一步这些金融活动可以通过计算机程序 App 自动完成。传统货币理论和间接金融是紧密结合的。互联网金融不同于传统的间接金融和直接金融，它打破了交易所对传统金融的限制，形成了统一互联网市场，各类金融中介竞争性的提供产品和服务，部分金融产品既作为货币又作为投资品，在互联网上直接交易和流通。互联网货币不仅包括货币化金融产品，还包括网络社区虚拟货币以及数字加密货币等多种形式。

我们认为，目前互联网货币市场基金是基金货币化的一种表现形式。在互联网条件下，基金机构通过第三方支付、手机支付等方式和银行间市场、消费者、商家联系起来。这种支付活动可以不通过银行。比如，当交易双方都通过余额宝进行转账时，支付活动可以仅通过余额宝账务操作来完成。可以设想，未来将有越来越多的基金货币化，不同基金之间如同银行之间可以便捷地转账支付。此

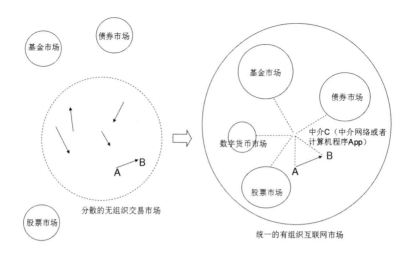

图2、分散的无组织交易市场向统一的有组织互联网市场的演进

外，支付中介还可以提供风险管理的服务。谢平等（2015）描述了在数字加密货币应用中从事交易媒介转换支付中介的作用。支付中介可以提供 Bitcoin 实时货币转换服务，消费者通过 Bitcoin 支付，中间交易商会将 Bitcoin 实时换算为传统货币支付给商家。由中间交易商承担 Bitcoin 价格波动的影响。在 Ripple 的商业化应用中，也出现了相似的支付中介。在设定支付网关和外汇市场充分有效的前提下，Ripple 支持不同货币的自由支付。比如在跨国支付中，消费者可以在 Ripple 中使用本国货币，商家可以根据自身偏好选择收获美元、日元或者其他货币。从事交易媒介转换的中介大大丰富了对于货币可接受性的认识，这种支付中介通过将支付过程和交易媒介风险区分开来，降低了交易双方对于不同交易媒介双方耦合的困难，扩大了交易媒介的选择。

金融产品货币化对传统货币政策的影响

金融产品货币化将对传统货币政策的观点和实践产生深远的影响。在金融产品货币化条件下，货币需求将更加不稳定、不可测；货币供给具有更强的内生性；传统货币层次划分的方法可能需要改进。新货币经济学的一些观点值得借鉴。比如，Cowen and Kroszner（1994）认为即使Fama（1980）的前提不成立，在金融产品货币化条件下，货币化金融产品可以通过调整自身资产的价格应对市场过量需求或供给，从而减轻对价格水平的冲击。另外，Wallace（1983）指出制约金融产品货币化的法律限制是实施传统货币政策的必要条件。如果取消限制，将消弱中央银行公开市场操作对利率、价格水平以及经济活动的影响。探索涵盖金融产品货币化在内的货币政策是下一步研究的方向。

总结

通过对金融产品货币化理论的研究，货币职能分离是金融产品货币化的前提，货币可接受性是货币职能分离的主要障碍；互联网的发展将形成统一互联网市场，为解决货币可接受性提供条件，促进金融产品货币化的发展。可以想象，未来人们可能使用基金、保单、债券，或者高等级的股票作为货币进行交易。货币管理是国家宏观经济管理的重要内容之一，有必要对互联网条件下货币发展和制度创新进行前瞻性研究。互联网金融将是更高信用等级的金融形态（吴晓灵，2015）。正如Hicks所言，为使信用体系顺利运行，需要一种既能约束它又能支持它的制度结构。不过寻找这种制度结构并非易事。

参考文献

[01] 汉达.货币经济学 [M].第二版.北京：中国人民大学出版社，2013

[02] 刘海二.手机银行、技术推动与金融形态 [D]，博士学位论文，西南财经大学，2013

[03] 刘易斯，米曾.货币经济学 [M].北京：经济科学出版社，2008

[04] 焦成焕.新货币经济学理论 [D].博士学位论文，吉林大学经济学院，2005

[05] 江晴.解读后货币经济学 [M].武汉：武汉大学出版社，2005

[06] 史密森.货币经济学前沿：论争与反思 [M].上海：上海财经大学出版社，2004

[07] 斯蒂格利茨，格林沃尔德.通往货币经济学的新范式 [M].北京：中信出版社，2005

[08] 盛松成，施兵超，陈建安.现代货币经济学 [M].第三版.北京：中国金融出版社，2012

[09] 托宾，戈卢布.货币、信贷与资本 [M].北京：中国人民大学出版社，2015

[10] 温信祥，叶晓璐.移动货币：非洲案例及启示 [R].人民银行工作论文，2015

[11] 吴晓灵.从信息网络到价值网络-信息技术在金融业的应用 [R].财经国际论坛，2014

[12] 吴晓灵.普惠金融的根基 [J].中国金融，2015（19）

[13] 谢平，邹传伟，刘海二.互联网金融手册 [M].北京：中国人民大学出版社，2014

[14] 谢平，石午光. 数字加密货币研究：一个文献综述 [J]. 金融研究, 2015 (1)

[15] 西姆斯. 中国货币政策过于碎片化 [N]. 中国经济报告，2015

[16] Andolfatto, D. Revisiting The Legal-Restriction Hypothesis[R]. Manuscript, Simon Fraser University, 2006

[17] Black, F. Banking And Interest Rates In a World Without Money: The Effects Of Uncontrolled Banking[J]. Journal of Banking Research, 1970

[18] BIS. Non-Banks In Retail Payments[R]. Available on www.bis.org

[19] Cowen, T. and R. Kroszner. The Development Of The New Monetary Economics[J]. Journal of Political Economy, 1987

[20] Cowen, T. and R. Kroszner. Explorations In The New Monetary Economics[M]. Oxford: Blackwell, 1994

[21] Cowen, T. The "New Monetary Economics" Is Alive And Well[N]. Economics,2011

[22] Dowd, K. Competition And Finance: A Reinterpretation Of Financial And Monetary Economics[M]. London: Macmillan, 1996

[23] Fama, E. F. Banking In The Theory Of Finance[J]. Journal of Monetary Economics, 1980(6)

[24] Fama, E. F. Financial Intermediation And Price Level Control[J]. Journal of Monetary Economics, 1983(12)

[25] Greenfield, R. L. and B. L. Yeager. A Laissez Faire Approach To Monetary Stability[J]. Journal of Money, Credit and Banking, 1983(15)

[26] Hall, R. E. Monetary Trends In The United States And The United Kingdom: A Review From The Perspective Of New Developments In Monetary

Economics[J]. Journal of Economic Literature, 1982(20)

[27] Hicks, J. A Market Theory Of Money[M], Oxford:Oxford University Press, 1989

[28] Hoover, K. D. Money, Prices And Finance In The New Monetary Economics[J]. Oxford Economic Papers, 1988(40)

[29] Kiyotaki, N. and R. Wright. On Money As a Medium Of Exchange[J]. Journal of Political Economy, 1989

[30] Krueger, M. Financial Innovation And The New Monetary Economics[R]. Working Paper, 1999

[31] Krueger, M. Money: A Market Microstructure Approach[J]. Journal of Money, Credit and Banking, 2012(44)

[32] Laidler, D. The Definition Of Money: Theoretical And Empirical Problems[J]. Journal of Money, Credit and Banking, 1969

[33] Mccallum, B. T. Bank Deregulation, Accounting Systems Of Exchange And The Unit Of Account: A Critical Review[R]. National Bureau of Economic Research Working Paper, 1985

[34] Walker, A. D. Money and Market[M], Cambridge:Cambridge University Press, 1984

[35] Wallace, N. A Legal Restrictions Theory Of The Demand For ' Money ' And The Role Of Monetary Policy[J]. Federal Reserve Bank of Minneapolis Quarterly Review, 1983(7)

[36] White, H. L. Competitive Payments Systems And The Unit Of Account[J] American Economic Review, 1984(74)

[37] White, H. L. Accounting For Non-Interest-Bearing Currency: A Critique Of The Legal Restrictions Theory Of Money[J]. Journal of Money, Credit, and Banking, 1987(19)

[38] White, H. L. The Theory Of Monetary Institutions[M]. Oxford: Blackwell, 1999

[39] White, H. L. The Market For Crytocurrencies[J]. Cato Journal, 2015(35)

第四讲 互联网货币

本文将讨论互联网金融下的货币形态，核心观点是：未来，很多信誉良好、有支付功能的网络社区将发行自己的货币，称为"互联网货币"（Internet Currency）；互联网货币将广泛用于网络经济活动，人类社会将重新回到中央银行法定货币与私人货币并存的状态。互联网货币会挑战目前的货币基础理论、货币政策理论和中央银行理论。

互联网货币的概念和经济学分析

一、互联网货币的概念

目前已经出现了互联网货币的雏形——虚拟货币（Virtual Currency）。典型案例包括比特币、Q 币（腾讯公司）、Facebook Credits（Facebook 公司）、Amazon Coins（亚马逊公司）、魔兽世界 G 币（暴雪公司）、Linden Dollars（Linden 实验室）。在网络游戏、社交网络和网络虚拟世界等网络社区中，这些虚拟货币被用于与应用程序、虚拟商品和服务（以下统称为"数据商品"）有关的交易，已经发展出非常复杂的市场机制。

有些虚拟货币与法定货币之间不存在兑换关系，只能在网络社区中获得和使用，比如魔兽世界 G 币；有些虚拟货币可以通过法定货币来购买，可以用来购买虚拟和真实的商品或服务，但不能兑换为法定货币，比如 Amazon Coins；还有些虚拟货币与法定货币之间能相互兑换，并可以用来购买虚拟和真实的商品或服务，比如比特币、Linden Dollars。欧洲央行研究表明 [1]，2011年美国虚拟货币交易量在20亿美元左右，已经超过一些非洲国家的 GDP。传统支付企业纷纷进入虚拟货币领域。2011年，VISA 用1.9亿美元收购 PlaySpan 公司，该公司处理在线游戏、电子媒体和社交网络中的电子商品交易；美国运通用0.3亿美元收购虚拟货币支付平台 Sometrics。移动支付发展起来后，虚拟货币的便利性、交易功能得到了更充分的体现。

　　以虚拟货币为蓝本，我们从以下6个特征来定义互联网货币：

　　第一，由某个网络社区发行和管理，不受监管或监管很少，特别是不受或较少受到中央银行的监管；

　　第二，以数字形式存在；

　　第三，网络社区建立了内部支付系统；

　　第四，被网络社区的成员普遍接受和使用；

　　第五，可以用来购买网络社区中的数据商品或实物商品；

　　第六，可以为数据商品或实物商品标价。

　　其中，第四个特征指互联网货币能用作一般等价物（一些网络

1　European Central Bank, 2012, "Virtual Currency Schems".

社区的成员数超过了很多国家的人口，比如 Facebook 每月活跃用户已超过10亿，而且跨越了国界）；第五个特征指互联网货币有交易媒介功能；第六个特征指互联网货币有计价功能。鉴于互联网货币的购买能力以及所购买之物的价值，互联网货币有价值储藏功能。所以，互联网货币满足货币的标准定义（在商品或服务的支付中或债务的清偿中被普遍接受的任何东西），拥有货币的三大功能——交易媒介、计价单位、价值储藏。不仅如此，因为互联网没有国家，互联网货币天生就是国际性、超主权的。

到目前为止，大部分互联网货币本质上都是信用货币，存在一个中心化的发行者，其价值取决于人们对发行者的信任。比特币要特殊一些，没有中心化的发行者，更接近贵金属货币，后文将详细讨论。

案例：虚拟货币对比及其风险分析

自中本聪于2008年提出比特币以来，比特币作为全球化的去中心货币而受到世界的广泛关注，但本身仍存在诸多的局限性，包括：每秒最高7次的交易次数限制、约十分钟的交易确认时间、约2100万的货币发行数量、大量的电力和算力资源的浪费，以及算法安全性和数据存储能力等。这些问题直接限制了比特币的应用和发展。但自比特币得到市场关注之后，为解决比特币的诸多局限性，市场上衍生出一系列的虚拟货币，这在一定程度上鼓励了市场对技术方面的完善，另一方面又构成了对政府监管的挑战。

莱特币是比特币最早的衍生货币之一，其突出的特点在于：交易确认时间缩短到约2.5分钟，加密算法由 Scrypt 算法替代比特币使用的 SHA256 算法和发行虚拟货币数量提升到约 8400 万个。交易时间的缩短提升了在日常支付应用的可能性，而加密算法的改进将有助于提升运算效率和小幅节省电能消耗，但发行数量的提升却没有摆脱固定发行数量所带来的内部通缩问题。

狗币是紧扣流行文化的一种虚拟货币。主要代码是基于莱特币开发的，因此同样使用 Scrypt 加密算法，但较莱特币有一定的改进和提升。主要在于：符合流行文化趋势，贴近营销市场；交易时间进一步缩短到 1 分钟；改善了固定发行数量机制，采用固定通胀方式，即第一年挖出 1000 亿，后期每年 50 亿的恒量发行，20 年过后，狗币的通胀率可以控制为 2.5%。

域名币是一个基于比特币技术的分布式域名系统，目的在于改善中心化的 DNS，建立以比特币区块链技术为基础的分布式域名系统。同莱特币一样，采用 Scrypt 加密算法，但其单独开发了自身的区块链。虽然目前市场上交易并不活跃，但其开发的域名已经广泛应用于区块链项目中。

比特股采用 POS 模式，大幅降低了计算机和电力的损耗。比特股的突出特点不在于算法和底层技术的改善，而在于其应用层面。创造了多态数字资产（Polymorphic Digital Asset，简称 PDA）的金融产品，可以跟踪黄金、白银、美元或者其他货币的价值，构造资产对冲组合。

瑞波币则是专注于国际货币汇兑业务。构建了一个开放的支付网络，通过这个支付网络可以转账任意一种货币，包括美元、欧元、人民币、日元或者比特币，交易确认速度明显提升，交易费用明显下降。但基本原理更像是国际间货币互换协议。

以太币是一个区块链平台，使开发者可以创建和发布去中心化的应用程序（Đapp），节省了区块链开发项目的开发成本。以太坊使用混合型的安全协议（PoW+PoS），前期使用工作量证明机制（POW）用于分发以太币，之后切换到权益证明机制（POS）。以太坊内的以太币是平台内的支付手段，同时为了降低区块链数据包的无效信息，每次在以太坊内写入信息都需要消耗一定量的以太币，正是因为有这种消耗机制，才能保证货币价值的稳定。

除以上这些虚拟货币之外，还有基于 VPN 代理的 VPN 币、寻找质数的质数币、利用算力来进行科研开发的格雷德币等。虚拟货币的种类和数量远不止列举的这些，根据 xcoinx 的不完全统计，目前市场上已经有超过700种虚拟货币，当然其中有一部分并不具备创新性，仅是利用虚拟货币噱头进行圈钱，还有一部分甚至脱离区块链技术，借助名称来实施传统的诈骗和传销行为。

圈钱行为。由于虚拟货币市场是一个去中心化的，市场对于虚拟货币的信任是基于其开放的源代码，所以去中心化的虚拟货币的源代码是完全开放的，这也为市场上创造和复制其他的虚拟货币提供了便利的条件，大量缺少创新的虚拟货币依靠抄袭源代码并修改部分参数进入市场。但也正是因为缺少创新，所以在借助虚拟货币噱头炒作一番以后就成为交易量萎缩，价格超低的"僵尸"。这类货币有很多，包括财富币（RichCoin）、银河币（GalaxyCoin）、元宝币（YBCoin）、屌丝币 (DSCoin) 等。当然另外有一类虚拟货币是通过出售虚拟货币周边产品来营利，如时光币，其使用 Bitcoin 的源代码，但是通过专门销售手套、矿锄、挖掘机、海矿船、空运机、时光霸天虎等挖矿工具来获取利润，目前该货币的交易平台——GTC平台已经关闭。但该类货币的总体圈钱流程概括如图一所示。

利用虚拟货币的诈骗、传销行为。互联网传销具有传播广、监管难等特点，近年利用互联网进行诈骗和传销的组织非常猖獗，如MMM金融互助平台等，都是借助互联网进行传播的，并且很难取缔。其中，很多民间传销组织开始借助不断提升的虚拟货币的知名

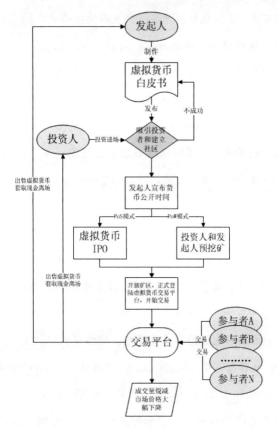

图1、虚拟货币圈钱流程图

度，对传销和诈骗行为进行包装，借助互联网手段广泛传播。这其中包括 LEOcoin、BBTcoin、克拉币、维卡币等。每一种虚拟货币都具有特有的宣传手段，但却有明显的传销特质，即对内部运作流程保密且无法获取白皮书，宣传高收益但却没有明显可靠的投资方向和产业，依靠不断获取新人加入来获得提成等一系列特点。每一种货币自身的运作流程有其自身的特点，但概括来说，主要流程如图二所示。

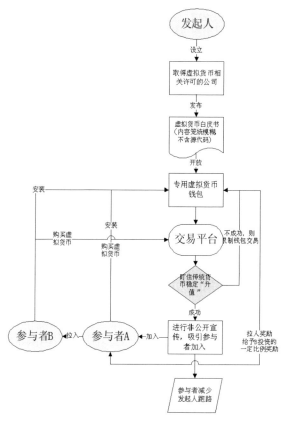

图2、传销类虚拟货币的运营模式

二、互联网货币的经济学分析

1.互联网货币对网络社区的好处

第一，对数据产品实现独立定价；

第二，可以存在网络账户，有"财富效用"；

第三，方便网络社区成员之间的交易和支付活动；

第四，增强成员对网络社区的粘性，网络社区有自己的管理规则，类似"俱乐部规则"，成员使用互联网货币可以得到比法定货币（比如人民币）更高的效用；

第五，扩充网络社区的收入来源，比如互联网货币的"铸币税"、与法定货币的兑换差价以及不活跃成员的互联网货币残值等；

第六，促进网络社区中经济活动，比如应用程序开发和广告活动；

第七，互联网货币没有现金，不存在假币。

2.互联网货币与网络经济发展相适应

首先，数据商品与实物商品之间的界限越来越模糊。数据商品与软件、电子图书、音乐、电影、新闻资讯等，在存在形式上没有差别，都是数字化的信息流，所引致的消费者真实效用也是相通的。人们（特别是年轻人）也越来越认可数据商品的价值。未来，很多不需要物流的商品和服务都可以在互联网上生产、交易、消费，在人类经济活动和消费序列中占的比重会越来越大（比如，在网上求医看病；腾讯公司2012年收入中，来自网络游戏的收入约228亿元，占比51%）。在这些网络经济活动中，不一定要有法定货币的使用。

其次，网络经济活动和实体经济活动之间的联系越来越紧密。

设想一个可能情景：某人生产数据产品（比如空气质量测量软件），在某个网络社区上出售，获得一定数量的互联网货币；然后，他用互联网货币去麦当劳买汉堡；麦当劳再用收到的互联网货币去网络社区购买数据产品。在这个过程中，通过互联网货币的媒介作用，网络经济活动与实体经济活动之间实现了完美分工和价值交换，而法定货币则被排除在外。

3.网络支付促进互联网货币的发展

在互联网金融下，网络支付将与移动支付、银行卡等电子支付方式高度整合，真正做到随时、随地、以任何方式支付，会使互联网货币的使用越来越便捷。实际上，在目前的虚拟货币案例中，网络社区成员的账号，就可以视为互联网货币存款账户，通过手机上网，高效的移动支付网就形成了。

未来可能的情景是：每个人（企业）都同时有互联网货币账户和（在中央银行的）法定货币账户；不同网络社区的互联网货币可以相互兑换，跨网络社区的交易和支付非常方便；互联网货币与法定货币之间的兑换很灵活，趋向可相互交易；互联网货币不仅用于网络经济活动，也广泛参与实体经济活动；出现基于互联网货币的金融产品和金融交易，比如针对互联网货币的股票、债券、存贷款、信用透支等。

4.互联网货币符合人类货币形态的发展规律

到目前为止，人类货币形态的发展大致可分为三个阶段。

第一个是物物交换阶段，不存在货币。

第二个是商品货币阶段。货币本身就有价值，比如黄金、白银等贵金属，也包括可以兑换为硬币或贵金属的纸币，货币创造主要取决于贵金属的发现和冶炼。

第三个是信用货币阶段。货币本身没有价值，不一定能兑换为硬币或贵金属，其使用价值取决于人们对货币发行者的信任。

在信用货币的早期阶段，货币发行者以私人机构为主，私人货币占主导地位。法定货币在引入中央银行制度后才出现，是由国家通过法律确立的法定偿还货币，具有强制性（即支付中必须用此货币，不能用其他载体）。中央银行、商业银行、存款者、借款者共同参与货币创造。中央银行的货币性负债，比如流通中现金、商业银行在中央银行的储备，是基础货币。商业银行的信贷供给和证券投资产生存款的多倍扩张。不同货币按流动性从高到低可以划分为M1、M2、M3等多个层次。因为中央银行的信用很好，并且负责支付清算系统，法定货币替代了私人货币。

但目前这种由法定货币主导的货币制度不是人类货币形态演变的终点。一方面，哈耶克、弗里德曼在20世纪50年代就对这种货币制度有怀疑。哈耶克认为，从18世纪以来，那种认为发行货币是政府很重要的一项职能的传统观点并不正确。政府在发行货币上并没有天然的优势。相反，单一发行货币的形式甚至是造成通货膨胀、经济周期性波动的重要原因。因此，他建议采用多货币发行主体竞争性发行货币的方式，通过竞争激励维持货币发行稳定，增加人民福利。弗里德曼在20世纪50年代也对这种单一法币货币制度抱有怀疑，他设想废除美联储，用一个自动化系统取代中央银行，以稳定速度增加货币供应量。

另一方面，尽管私人货币已不再在大范围内流通，但一些"准私人货币"仍普遍存在。比如，我国20世纪大学食堂的"菜票"就是典型的"准私人货币"，可以在各食堂买饭菜，可以在小卖部买日用品，同学之间可以相互借贷。在现代社会，各种商品和服务优惠券、信用卡积分、航空里程积分等"准私人货币"更是层出不穷。

互联网货币由网络社区发行和管理，属于"信用货币 + 私人货币"。我们认为，互联网货币不会被法定货币替代掉，主要有两个原因。第一，在网络经济活动的很多环节，用户不一定接受法定货币。第二，互联网技术的发展，使支付活动能在中央银行支付清算系统之外发生，而支付从来就是与货币紧密联系、一同演变的。因此，未来法定信用货币将与互联网货币并存，成为人类货币形态的第四个发展阶段。

三、互联网货币的风险

1.互联网货币的内在风险

首先，互联网货币发行者的信用比不上中央银行，相关支付功能也比不上中央银行管理的支付清算系统（比特币的内在风险主要来自算法的可靠性）。互联网货币在交易和支付中不可避免会遭遇信用风险、流动性风险、操作风险、支付安全问题。

其次，互联网货币有很强匿名特征，监管难度大，可能被用于非法活动（比如洗钱），造成法律风险和声誉风险。

2.互联网货币对物价稳定的影响

在针对互联网货币的存贷款活动出现之前，互联网货币的创造过程中不存在中央银行和商业银行的分工（即二级银行体系），也不会产生多个货币层次，但互联网货币的过量发行会造成数据商品的通货膨胀。而未来，数据商品会进入 CPI 篮子。但总的来说，数据商品价格实际上是不同数据产品之间的比价（交换比率），会有均衡价格，不会有很大的价格风险。

互联网货币会通过多种渠道影响实物商品的价格，包括：互联网货币介入实体经济活动，甚至在一些场合替代法定货币，产生"挤出效应"；互联网货币影响法定货币的流动速度。中央银行不一定知道互联网货币的发行和流通情况。在这些情况下，中央银行货币统计和货币政策都会受到影响。

3.互联网货币对金融稳定的影响

互联网货币对金融稳定的影响，主要来自互联网货币兑法定货币的汇率波动，这在比特币上表现得尤为明显。

对比特币的分析

比特币是世界上第一种基于 P2P 分布技术在互联网发行和交易的电子货币，由 Satoshi Nakamoto [1]在2008年发明，2009年1月3日正式运行，2009年1月9日产生首个区块链。比特币上市以来，经过近四年时间的价格沉寂，从2013年开始价格一路上涨，到2014年，总市值一度接近140亿美金，随后价格波动下降[2]，截至

1　Satoshi Nakamoto, 2008, "Bitcoin: A Peer-to-Peer Electronic Cash System".

2　https://blockchain.info/charts

2016年3月底，已发行约1539.5万个比特币[1]，按市场最新兑换价格——1比特币可兑换420美元计算[2]，总市值达到64.6亿美元。参考2015年世界各国的 GDP，比特币的总市值已经超过了60多个国家的 GDP 总量[3]。

比特币的技术基础是密码学的发展和互联网的普及，最大特点是不通过中央银行或第三方机构发行和交易，并运用现代数字签名技术而具有较好匿名性。比特币在发展早期，得到了技术狂热分子、反政府主义者、非法交易者的支持。这些人认为比特币体现了民主精神，是对主权货币、银行体系的挑战，特别是针对政府在货币发行上的垄断地位以及由滥发货币引发的通货膨胀。随着比特币逐步实现与现实货币的自由兑换，并涉足现实商品和服务的购买，比特币越来越受到媒体、政府、学者和民众的重视，同时也引起了很多争议。

此外，已经从比特币衍生出来多种互联网货币[4]，包括 Litecoin、Peercoin、Primecoin 等。这些互联网货币保留了比特币主要的思想，仅在个别特征上可以与比特币区分开来。

1　http://blockr.io/trivia/blockchain

2　http://cn.investing.com/currencies/btc-usd

3　Gross domestic product, 2013, World Bank

4　Sprankel, Simon, 2013, "Technical Basis of Digital Currencies", Technische Universitat Darmstadt.

一、工作机制

早在1998年，Dai Wei [1]在一个密码学邮件群里，就提出了一种新型电子货币的思想，"这种货币将有无法追踪的匿名特征"并且"政府的作用被排除在外"。比特币实际上就体现了这种思想的延续和发展，最突出的创新就是分布式支付系统，而不是集中式的支付清算系统（图3）。

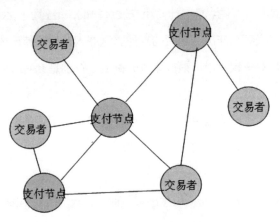

图3、分布式支付系统示意

整个分布式支付网络中，可以有数量不定的支付节点，用于交易确认和整个网络账户系统的维护。交易确认分为两步：第一步，由某个支付节点通过竞争完成交易有效性的初步确认；第二步，初步确认消息被广播到全网络，被全网络认可后，交易有效性得到最终确认。

作为一种新型货币，理论上，比特币需要解决两个突出问题：

---

1 http://weidai.com/bmoney.txt

第一，如何保护交易双方的隐私；第二，如何避免同一货币被多次使用。对这两个问题，比特币均设计了非常精巧的解决方案。

比特币通过公钥密码原理来确保交易双方的隐秘性。公钥密码技术可以产生两把对应的密码钥：一把是公钥，作为货币持有者的地址或账号（类似银行账号）；另一把是私钥，由货币持有者保留。公钥账户可以作为比特币的接受地址。公钥账户里的电子货币只能通过对应的私钥来访问。私钥被用来确认账户中货币的转移支付。公钥账户与电子邮件地址相似，是公开的，为所有用户所知；而私钥则与电子邮件的密码相当，需要通过它来实现对信息的访问和处理。

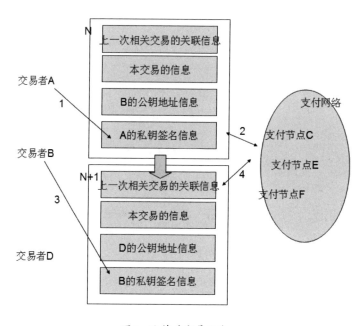

图4、比特币交易示意

图4展示了公私钥如何用于比特币交易。假设在第 N 个交易中，

交易者 A 希望支付交易者 B 若干比特币，而在第 N+1个交易中，交易者 B 希望使用他从交易 N 中获取的比特币支付给交易者 D。这两个交易分四步进行。

第一步：交易者 A 生成第 N 个交易信息，包括上一次相关交易的关联信息、本次交易信息（包括需要支付的数额）、交易者 B 的公钥地址。最后，交易者 A 会使用他拥有的私钥对第 N 个交易信息进行数字签名，并发出关于该交易的信息。

第二步：支付网络中的支付节点获取交易者 A 发出的关于交易 N 的信息后，对交易有效性进行确认，包括该信息是否由 A 发出、A 是否拥有所交易比特币的所有权以及该比特币有没有被多次使用等。在该节点完成对交易有效性的确认后，将该确认信息在支付网络中广播，最终完成交易信息在全网络中的确认。

第三步：交易者 B 生成第 N+1个交易的信息，并使用他的私钥对信息进行签名（具体做法与第一步类似）。

第四步：支付网络会完成对 N+1个交易信息的确认（具体做法与第二步类似），交易者 B 成功地将他从交易者 A 处获取的比特币支付给交易者 D。

以上是比特币交易支付的全过程。可以看出，支付系统需要防止同一比特币被用户恶意多次使用。在传统经济中，重复支付的危险由一个中央结算机构来解决。中央结算机构会对每一笔交易进行确认，并通过集中账户来保证交易的连续性，避免同一货币被重复用于支付。比特币则使用分布式时间戳技术来解决该问题。在比特币网络中，每一台电脑都有一份关于历史所有交易的明细清单，称作交易链（blockchain）。新产生的交易会通过与交易链中历史交易进行一致性检验，通过检验的交易才可能被作为正常的交易接受。事实上，新产生的交易会被负责进行交易验证的程序打包产生新的交易模块，加入到原有的交易链后面，构成新的交易链。在比特币网络中，只有一个全局有效的交易链，并分布式存储在支付网络的每一个节点中（图5）。

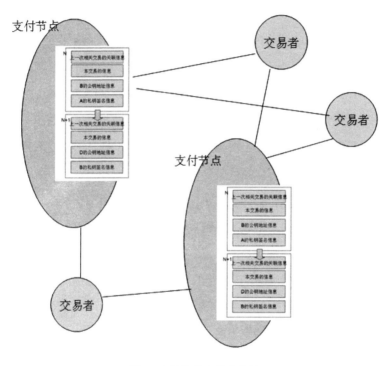

图5、比特币的全局交易链

为避免交易网络中无效信息的泛滥，同时防范针对比特币网络的恶意攻击，支付节点产生新的交易模块需要进行复杂的计算，这被视为支付节点的工作证明（proof of work）。该计算本质上是一种概率很低的随机碰撞试验，需要消耗支付节点大量的计算资源。因此，率先完成工作证明的节点会得到一定奖励，这个过程被称为"挖矿"。"挖矿"是新比特币产生的过程，同时也保证了比特币支付平台能高效运行。

除了前面提到的核心特征外，比特币及其支付机制还有以下特点：第一，比特币依托于互联网，因此可以轻易跨越国界。第二，分布式支付系统拥有数量不限的支付节点，因此不容易受到攻击。换言之，关闭若干支付节点，基本不会对支付体系造成影响。第三，比特币账户具有匿名性，是一串没有规律的字符，不体现账户拥有者的任何特征。一个人可以拥有成千上万、甚至更多账户。第四，低费用。比特币属于新型货币，尚无监管，持有和交易都无需缴纳税费。即使通过比特币交易平台进行货币兑换，也只需缴纳很低的交易费。第五，交易不可逆。与大多数电子货币交易不同，比特币交易无法通过"回滚"机制来取消交易。一旦交易确认，只能通过新的交易来实现账户的修复。第六，公开、透明。支持比特币交易的计算机程序代码、比特币的交易历史数据都在互联网上公开，使得比特币的发行和交易具有很高透明度。第七，可分的电子货币。比特币适合一些小微型交易需求，一个比特币可以被分到8位小数，0.00000001比特币是最小单位。

尽管如此，比特币的工作机制并非完美。生产新交易模块所需要的计算，被认为消耗了网络的很多资源而没有太多实际价值。微软的 Moshe Babaioff 与合作者的研究表明[1]，比特币"挖矿"的激励机制可能存在"红气球现象"，不利于交易信息在分布式网络中传播。比如，有些挖矿程序可能修改消息分发代码，使得其他节点无法收到新的交易信息。

二、发行机制

前面已经指出，新产生的比特币由完成交易确认的支付节点获取（即"挖矿"）。因此，比特币的发行不需要中央机构，完全点对点、去中心化。比特币生成机制将发行总量预设在2100万。一开始，每完成一个新的交易模块可以获得50个比特币。这个奖励每四年将

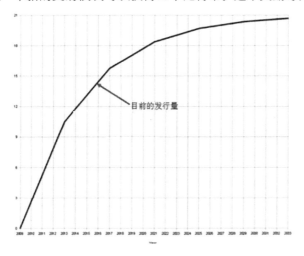

图6、比特币发行量（截至2016年1月，单位：百万）

1　Babaioff, Moshe, Shahar Dobzinski, Sigal Oren, and Aviv Zohar, 2012, "On Bitcoin and Red Balloons". "红气球"是美国国防部以前的一个研究项目，参与者需抢先找到随机拴在美国各地的10个红色气象气球，以获取4万美元的奖金。"红气球现象"的核心是竞争和协作的问题。

减少一半（图6），使得比特币发行总量在2040年接近最大。自2012年底起比特币的挖矿奖励已经减半为每个交易区块奖励25个比特币，预计2016年下半年将再次减半。这种可预期的货币供给使比特币有一定的稀缺性，但会造成两方面的问题。

第一，控制发行总量会使比特币出现通货紧缩效应，也就是以比特币标价的商品或服务的价格会下降，也体现为以美元标价的比特币价格的上升。这会产生两个消极影响。一是在比特币价格上升的过程中，比特币持有者倾向于将比特币储存起来（形象说法是"把钱藏在毯子下"），而不是用于流通领域，这样会减少比特币的流通量，进一步加剧通货紧缩效应。二是通货紧缩效应使比特币的跨期交易很难进行。比如，在一个以比特币为标的的贷款合约中，因为比特币价格上升，导致债务人的实际负担是随时间增长的。这就使得基于比特币的金融产品和金融交易很难出现。这说明，对任何货币而言，币值稳定都很重要，比特币也不例外。比特币尽管通过预设货币总量上限的方式，避免了中央银行法定货币经常出现的通货膨胀问题，但通货紧缩会对比特币的发展会产生消极影响。

当然，因为比特币是基于互联网上的计算机程序产生，可以通过修改计算机代码来重新设定比特币的发行数量，也可以让它遵守一定的增长规则。相关建议已经在一些研究中体现，感兴趣的读者可以参看 Palo Alto 研究中心 Simon Barber 与合作者的报告[1]。

第二，控制发行总量使"挖矿"收益不断下降。早期，通过在

---

1 Barber, Simon, Xavier Boyen, Elaine Shi, and Ersin Uzun , 2012, "Bitter to Better — How to Make Bitcoin a Better Currency" .

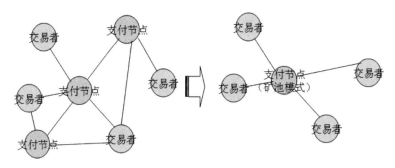

图7、"矿池"支付模式

个人电脑上运行"挖矿"程序可以获得相应比特币。目前,因为"挖矿"需要的计算量越来越大,参与"挖矿"竞争的电脑也越来越多,个人"挖矿"难度也越来越大,出现了"矿池"模式(图7)。即由多台个人电脑联合"挖矿","挖矿"问题被分解成若干子问题,由各电脑分别承担,"挖矿"收益也在参与的个人之间共同分配。

"矿池"支付模式使比特币的支付体系出现了一定程度的垄断。如果只有有限可用的支付节点,那么比特币与由某一中央机构发行和交易的货币就区别不大,从而偏离了比特币支持者鼓吹的纯粹民主轨道。

从长期看,当"挖矿"的奖励越来越少,以至于没有新的比特币产生时,比特币的支付体系如何有效运行是一个大问题。比特币的创始人 Satoshi Nakamoto 设想由交易双方交一定费用来保证支付体系的有效性。目前比特币协议里也有交易费用设计,交易者可以为进行支付确认的节点("挖矿"机)提供一些费用,但没有进行具体规定。实际情况是,无须交易费用也可进行交易确认。

三、应用概况

目前已经形成了相当规模的比特币在线交易所。在交易所，比特币可以与大多数主权货币进行兑换，兑换价格多数根据需求自由浮动（即实行浮动汇率制）。2014年以前，Mt.Gox 是全球最大的比特币交易所，承担了超过80%的比特币兑换交易，每天会有比特币与主要主权货币的报价。但 Mt.Gox 因受黑客盗窃而倒闭之后，出现了如 OKcoin、BTCchina 等交易平台，目前 OKcoin 是成交量最活跃的交易平台[1]。此外，有些网站也提供用户直接交易，比如 Bitcoin.local 工具支持双方直接联系，并自行完成货币交易。

比特币的一个显著特点是价格不稳定。2011年6-7月间，比特币的价格和用户数出现指数型增加。比特币价格从2011年初不足1美元，短时间攀升到30美元左右，其后在波动中持续增长。图8是比特

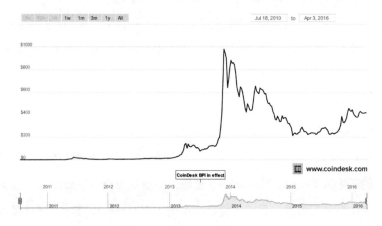

图8、比特币价格波动（从2010年6月至2016年3月）

1　http://Bitcoincharts.com/markets/

币与美元长期比价波动情况。2013年，受 Mt.Gox 倒闭和各国对比特币严厉态度的影响，比特币价格呈现大幅波动，价格由2013年11月一度攀升到1200美元后迅速回落，并持续动荡，目前价格在420美元横盘。

现实中，比特币的使用并不多见。但一些服务商已经接受用户用比特币购买诸如电脑软件、服装等商品。比特币的匿名性产生了一些颇有争议的应用。比如，维基解密（WikiLeaks）在 Visa、MasterCard、美国银行、Paypal 等不提供支付服务后，宣称将接受比特币捐赠。再比如，丝绸之路（Silk Road）以买卖毒品和枪支而臭名昭著，并且只接受比特币支付。卡耐基梅隆大学 Nicolas Christin 2012年的一篇文章指出 [1]，丝绸之路每月大概发生120万美元交易。2013年5月份，美国联邦调查局关闭了丝绸之路，并获取了交易的比特币。

以色列魏茨曼科学研究所的 Dorit Ron 和 Adi Shamir 比较系统地研究了比特币的交易特征 [2]，包括真实交易者数量、每个账户持有比特币情况、账户变动情况、比特币持有分布情况、比特币交易和储蓄特征等，发现了两个重要结论：

第一，从比特币产生至今，大部分比特币没有参与流通，它们被转入特定账户后，就从流通中消失了。显然，它们被早期持有者

1　Christin, Nicolas, 2012, "Traveling the Silk Road: a Measurement Analysis of a Large Anonymous Online Marketplace".

2　Ron, Dorit and Adi Shamir, 2013, "Quantitative Analysis of the Full Bitcoin Transaction Graph".

丢失了，或者被持有者储蓄下来，而不是用于交易。另外，90%以上账户交易次数少于10次，并不活跃。

第二，大多数人只持有很小数量的比特币，比特币分布高度集中。表1给出了每个账户和持有人（可以拥有多个账户）比特币余额的统计情况。可以看到，97%的账户只持有少于10个比特币。

表1、比特币账户余额情况[1]

余额大于或等于	余额小于	持有人 （可以有多个账户）	账户
0	0.01	2,097,245	3,399,539
0.01	0.1	192,931	152,890
0.1	10	95,396	101,186
10	100	67,579	68,907
100	1,000	6,746	6,778
1,000	10,000	841	848
10,000	50,000	71	65
50,000	100,000	5	3
100,000	200,000	1	1
200,000	400,000	1	1
400,000		0	0

表1印证了前面对比特币通货紧缩效应的分析，即受比特币的稀

1　表中数据为2012年5月3日情况。

缺性、升值预期等因素影响，比特币持有者更多选择持有，而不是使用。该种行为可能会限制比特币的推广和应用。

总的来说，比特币的价格稳定性和持有者的交易行为将对比特币未来发展产生重大影响。

四、风险与监管

在讨论比特币的风险和监管之前，需要先认清楚比特币的性质。

比特币不是现代意义上的信用货币。对信用货币而言，不管由私人机构发行，还是由中央银行发行，货币和信用是联系在一起的。现钞和存款准备金等基础货币是中央银行的负债，存款是银行的负债。货币的发行，同时伴随着信用的扩张，典型过程就是存款的多倍扩张。而在比特币中，不存在债权债务关系，也就是货币和信用是脱钩的。从这个意义上讲，比特币更接近一种贵金属货币，只不过这种"贵金属"是人类通过密码学和互联网技术制造出来的。为理解与比特币有关的很多货币现象，可以把比特币类比成一种人造黄金。比如，比特币的货币总量有限，相当于地球上黄金储量有限（人类至今都不能通过其他元素大规模合成黄金）；比特币的"挖矿"过程，与黄金的开采冶炼也是可类比的，都是越往后成本越高。

比特币的价格是怎么决定的？信用货币的价值由发行者的信用来支撑，当然货币发行数量也有很大影响。贵金属有内在价值（比如在装饰、加工上），这对其价格有一定支撑。在金本位时期，如果黄金价格偏低，一些黄金就会退出流通领域，被收藏、熔化或输出国外，对价格起到提升作用；如果黄金价格偏高，一些黄金就会重新回到流通领域，对价格起到平抑作用。比特币的价格决定，兼有信用货币和贵金属货币的特征。从根本上讲，比特币的价值取决于人们对比特币算法可靠性的信任。如果人们发现比特币的工作机制有漏洞，或者容易被操纵，或者容易出现伪造货币，或者容易被黑客攻击，那么比特币价格会下跌。比特币"挖矿"消耗的计算资源，相当于比特币获取成本，会影响比特币价格。最后，比特币和贵金属货币一样，价格都受用来标价的信用货币的影响。比如，美元贬值时，比特币和黄金价格上升，反之亦然。

比特币处在法律的灰色地带，这使得比特币使用者对其广泛应用存在疑问，主要有几个问题：(1)比特币是不是一种财富，是否受到法律保护？(2)比特币是否与现行法律有冲突？(3)立法者或监管者应该对比特币采取怎样的行动？(4)现行法律可以怎样调整以适应网络电子货币的发展趋势？此外，比特币的匿名和分布式支付特征，使它游离于监管之外，常常被用来洗钱、购买毒品枪支等非法活动，也需要有应对措施。比如，对比特币交易征税的问题就成为一个焦点。美国等国家将比特币视为大宗商品[1]，征收商品交易税；德国作为一个承认比特币合法化的国家将比特币视为资产，需要对消费者买卖产生的利差征收个人所得税；澳大利亚、英国等国家正研究是否承认比特币的货币地位，这也给比特币的税法制定带来了难度。有报道[2]，英国当局可能考虑将比特币当作一种代金币，征收20%的增值税。

---

1 http://finance.sina.com.cn/20150918/132923287361.shtml

2 The Wall Street journal, 2014, U.K. Weighs How to Tax Dealings in Bitcoin.

耶鲁大学 Reuben Grinberg 在美国法律体系下对比特币进行了研究 [1]，包括与美联储货币发行权、证券法以及反洗钱相关法律的关系。在货币发行方面，《邮戳支付法案》（Stamp Payment Act）和《联邦伪造法案》对比特币有实质性影响。两个法案在不修改的条件下，无法适用于比特币。由于缺少发行机构，比特币与证券法界定的证券概念也有很大差异，因此被归类为大宗商品，受美国商品期货交易委员会 (CFTC) 监管。而反洗钱法案对比特币的发展可能有较大限制。美国天普大学 Nikolei Kaplanov 研究了使用比特币的法律问题[2]，并分析了美联储监管比特币交易的主要障碍。2013年8月，比特币被美国德州联邦法官裁定为受《联邦证券法》监管。2014年2月，加州众议院通过 AB129法案，提出：各种形式的另类货币，比如电子货币、积分、优惠券或其他有货币价值的事物，在用于商品和劳务购买或支付时，不属于违法。此法案若生效[3]，将为比特币在加州合法化铺平道路。2015年9月，美国商品期货交易委员会 (CFTC) 在新闻稿中称，"在文件中，CFTC 首次把比特币和其他虚拟货币合理的定义为大宗商品"。

2015年，纽约州制订了 BitLicense 法案，成为美国第一个对比特币交易建立执照制度的州。NYDFS 为比特币业务授予了第一个特批许可证：也就是给比特币交易所 itBit 颁发的。这个信任许可证的

1　Grinberg, Reuben, 2011, "Bitcoin: an Innovative Alternative Digital Currency".

2　Kaplanov, Nikolei, 2012, "Nerdy Money: Bitcoin, the Private Digital Currency, and the Case Against Its Regulation".

3　截至2014年2月底，该法案还需加州参议院通过后，经加州州长签署才能生效。

结构与 BitLicensee 是有所不同的。例如，BitLicense 持有者可能只是代为保管客户的比特币，而 itBit 则必须要充当客户的受托方，将客户的利益摆在自身利益之上。正式第一家获得数字货币许可证 BitLicense 的企业为波士顿比特币创业公司 Circle。BitLicense 在监管方面要求申请人提供"有权访问任何客户资金（不管是以法币还是虚拟货币计价）的任何个人"的姓名及身份信息（也就是去匿名性）；同时对新产品、新服务或重大变化要提交书面计划。BitLicense 法案同时对"交易服务（exchange service）"和虚拟货币进行了重新的定义，并设定了多个豁免对象：1. 相关软件开发商，将虚拟货币用于投资目的的商户，以及将比特币协议用于非金融用途的情况，可获豁免（将无需申请 BitLicense）；2. 对于那些无法满足提案中所有要求的数字货币初创企业，该修订版提到可能授予其"条件版许可证"（conditional license）；3. 这个许可证有效期为两年，在这期间，他们可能遭受"加强型审查"。

在对金融稳定的影响方面，国际货币基金组织（IMF）的 Nicholas Plassaras 研究了从 IMF 角度如何应对比特币对全球货币市场的冲击[1]。比特币在货币交换中的优势（比如匿名性和去中心化特性）可能使其在国际货币交换体系中扮演越来越重要角色。这将与 IMF 负责平衡汇率和应对国际货币危机的职能产生矛盾。因此，IMF 有必要对比特币采取行动，防止货币投机。

1　Plassaras, Nicholas, 2013, "Regulating Digital Currencies: Bringing Bitcoin within the Reach of the IMF".

比特币的"野蛮生长"引起了各国货币监管当局的关注[1]。在欧洲，监管机构声称正在密切关注比特币的发展，并对比特币等虚拟货币可能挑战中央银行货币掌控能力提出警告，但尚未对比特币采取特别的管制措施。在美国，也没有过多对比特币采取管制，部分监管机构宣称正在评估比特币创新带来的潜在收益及风险。在亚洲，比特币遭到了比较严厉的管制。中国政府2013年12月[2]宣布禁止比特币作为流通货币使用，金融机构和支付公司不能从事比特币等虚拟货币业务。这导致零售商停止接受比特币支付，并促使比特币价格大幅下跌。但同时，中国政府表示，个人在风险自负的前提下可以从事比特币交易。印度作为比特币一个潜在的大规模市场，印度央行2013年12月也就比特币被用于违法活动以及黑客攻击的风险发出了警告。在此之后，开展了一系列针对比特币交易所的突袭搜查，印度最大的比特币交易平台 BuySellBitCo.in 已经暂停运营。中国香港金管局警示了比特币可能具有较高洗钱、或者用于恐怖分子集资的风险[3]，但并未提出具体的管制措施。

最后，互联网货币的流行说明了，点对点、去中心化的私人货币（根据密码学和互联网技术设计），在纯粹竞争环境下（假设没有政府监管或干预），不一定比不上中央银行的法定货币（根据货币政策来发行和调控）。而且互联网货币天生的国际性、超主权性，丰富了对货币可兑换的认识。未来，随着互联网货币进一步完善，有

1　《分析：全球各地如何看待比特币?》,《金融时报》2014年1月。

2　中国人民银行等五部委，2013年12月5日,《关于防范比特币风险的通知》。

3　香港金管局，2014年1月,《虚拟商品的相关风险》。

可能出现"自适应"互联网货币。这种互联网货币内生于实体经济，根据规则自动调整发行量（设想货币政策委员会变成 App），而不是像比特币那样事先限定发行量（从而产生通货紧缩效应），以保持币值稳定。

第五讲 数字加密货币

引言

互联网自诞生以来，短时间已经推动了生产力的巨大发展，深刻改变了人们的生产、生活方式。其中，互联网金融方兴未艾。P2P 网络信贷、众筹等迅速发展，与传统金融相互促进，显示出强大的生命力。互联网货币也初露端倪（谢平等，2014），它包括以 AmazonCoin、FacebookCredits 等为代表的网络社区虚拟货币，也包括新型的数字加密货币。

数字加密货币基于密码学和网络 P2P 技术，由计算机程序产生，并在互联网上发行和流通。Bitcoin 被视为世界上第一种也是目前最主要的数字加密货币。截至2014年12月，已发行约1350万个 Bitcoin [1]，按1Bitcoin 可兑换360美元，总市值达到48.6亿美元，已经超过了20多个国家的 GDP 总量。在 Bitcoin 发展早期，它得到了技术狂热分子、反政府主义者和非法交易者的支持 (Buchholz et al., 2012)。Bitcoin 逐步实现了与现实货币的自由兑换，并涉足现实商品和服务的购买，此外，从 Bitcoin 衍生出来多种数字加密货

---

1 http://blockchain.info/charts/total-Bitcoins

币，包括 Litecoin、Peercoin、Primecoin 等 (Sprankel，2013)。这些数字加密货币保留了 Bitcoin 的主要思想，仅在个别特征上可以与 Bitcoin 区分开来。

数字加密货币越来越受到媒体、民众、学者和政府的关注。除了从计算机科学、密码学等角度进行的研究，也有越来越多的学者开始重视数字加密货币的经济学分析、它的货币或资产特征、数字加密货币对传统货币理论和支付方式的创新等。目前的文献以研究 Bitcoin 为主。本文也围绕 Bitcoin 展开分析，在其他数字加密货币具有明显差异的地方，将在文中说明。总之，数字加密货币还处在发展初期，涌现了许多新颖的观点，但也存在明显争议，值得深入研究。

数字加密货币的基本原理

数字加密货币采用了 Bitcoin 相同或相似的工作原理。Wei (1998)[1] 在一个关于密码学邮件群里，提出了一种新型电子货币的思想，"这种货币将有无法被追踪的匿名特征"并且"政府的作用被排除在外"。Bitcoin 实际上就体现了这种思想的延续和发展 (Nakamoto，2008)，最突出的创新就是构建了一个分布式支付系统（图1）。

整个分布式支付网络中，可以有数量不定的支付节点，用于交易确认和整个网络账户系统的维护。交易确认分为两步：第一步，由某个支付节点通过竞争完成交易有效性的初步确认；第二步，初

1　http://weidai.com/bmoney.txt

步确认消息被广播到全网络，被全网络认可后，交易有效性得到最终确认。作为一种新型交易媒介，理论上，Bitcoin 需要解决两个突出问题：第一，如何保护交易双方的隐私；第二，如何避免同一货币被多次使用。对这两个问题，Bitcoin 均设计了非常精巧的解决方案。

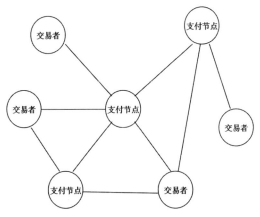

图1、 分布式支付系统示意

Bitcoin 通过公钥密码原理来确保交易双方的隐秘性。其中，公钥可以作为 Bitcoin 的接受地址，私钥被用来确认账户中货币的转移支付。公钥账户与电子邮件地址相似，是公开的；而私钥则与电子邮件的密码相当，需要通过它来实现对信息的访问和处理。网络中传递的交易信息，包括上一次相关交易的关联信息、本次交易信息（包括需要支付的数额、费用等）和接受者的公钥地址。发送者会使用他拥有的私钥对交易信息进行数字签名，并向支付网络发出关于该交易的信息。对交易信息有效性进行确认，包括该信息是否由特定的发送者发出、发送者是否拥有所交易货币的所有权以及该货币有没有被多次使用等。在完成对交易信息有效性的确认后，确认信息会在支付网络中广播，最终完成交易信息在全网络中的确认。

以上是 Bitcoin 交易支付的全过程。可以看出，支付系统需要防止同一 Bitcoin 被用户恶意多次使用。在传统经济中，重复支付的风险由一个中央结算机构来解决。中央结算机构会对每一笔交易进行确认，并通过集中式账户来保证交易的连续性，避免同一货币被重复用于支付。Bitcoin 则使用分布式时间戳技术来解决该问题。在 Bitcoin 网络中，只有一个全局有效的交易链(blockchain)，并分布式存储在支付网络的每一个节点中。为避免交易网络中无效信息的泛滥，同时防范针对 Bitcoin 网络的恶意攻击，支付节点产生新的交易模块时需要进行复杂的计算，被视为支付节点的工作证明(Proof of Work)。该计算本质上是一种概率很低的随机碰撞试验，需要消耗支付节点大量的计算资源。因此，率先完成工作证明的节点会得到一定奖励，这个过程被称为"挖矿"。"挖矿"是新 Bitcoin 产生的过程，同时也保证了 Bitcoin 支付平台高效运行。更多技术细节可以参考(Sprankel, 2013; Bergstra et al., 2013; Drainville, 2012)。在技术上，Bitcoin 面临诸多挑战。例如，Babaioff et al.(2012)分析了 Bitcoin 网络中红气球现象，目前的协议可能会阻碍交易信息在网络中的传播。

除了前面提到的核心特征外，Bitcoin 及其支付机制有以下特点。第一，Bitcoin 依托于互联网，可以轻易地跨越国界。第二，分布式支付系统拥有数量不限的支付节点，不容易受到攻击。换言之，关闭若干支付节点，基本不会对支付体系造成影响。第三，Bitcoin 账

户具有匿名性 (Reid and Harrigan, 2012)，是一串没有规律的字符，不体现账户拥有者的任何特征。一个人可以拥有成千上万、甚至更多账户。第四，低费用。Bitcoin 属于新型货币，尚无监管，持有和交易都无需缴纳税费。即使通过 Bitcoin 交易平台进行货币兑换，也只需缴纳很低的交易费。第五，交易不可逆。与大多数电子货币交易不同，Bitcoin 交易无法通过"回滚"机制来取消交易。一旦交易确认，只能通过新的交易来实现账户的修复。第六，公开、透明。支持 Bitcoin 交易的计算机程序代码、Bitcoin 的交易历史数据都在互联网上公开，使得 Bitcoin 的发行和交易具有很高透明度。第七，可分的电子货币。Bitcoin 适合一些小微型交易需求，一个 Bitcoin 可以被分到8位小数，0.00000001Bitcoin 是最小单位。

数字加密货币是不是货币

2013年随着价格的迅速上升，Bitcoin 引起了人们的广泛关注和好奇。普遍的问题是，以 Bitcoin 为代表的数字加密货币具有哪些和传统货币相似或者不同的特点？它是新的货币吗？

一、数字加密货币的类别

多数研究认为数字加密货币是一种新的虚拟货币。欧洲央行（2012）比较早采用这种分类。按照是否与法定货币存在自由兑换关系，虚拟货币可以分为三类。第一类，虚拟货币与法定货币之间不存在兑换关系，只能在网络社区中获得和使用，比如魔兽世界 G 币；第二类，虚拟货币可以通过法定货币获取，用来购买虚拟和真实的商品或服务，但不能兑换为法定货币，比如 AmazonCoin；第三类，虚拟货币与法定货币之间能相互兑换，并可以用来购买虚拟和真实的商品或服务，比如 Bitcoin、林登币。美国税务局和 FinCEN (2013) 将 Bitcoin 称之为可转换的虚拟货币。从税收角度，美国将 Bitcoin 和其他虚拟货币归类为特殊商品。世界银行 CGAP (2014) 从形式、记账单元、客户识别、发行人、发行机制等方面比较了 Bitcoin 和一般电子货币的异同。

二、价格和交易特点

数字加密货币一个显著特点是价格不稳定性。Bitcoin 价格从 2011年初0.3美元，短时间攀升到30美元左右。2013年其价格又呈现出大幅波动，当年11月份最高曾超过1300美元，之后迅速回落，价格持续震荡。为什么 Bitcoin 的价格会如此波动？

目前研究主要是从供求理论来分析 Bitcoin 的价格特点。Bitcoin 的供给比较固定，总量有限。而需求波动比较大。Iwamura et al. (2014) 认为 Bitcoin 价格不稳定的主要原因在于 Bitcoin 的发行机制缺乏灵活性。文章比较了 Bitcoin 与黄金的价格特点，参考图2。主要有两点不同。第一，黄金的供给与黄金的开采边际成本适应；第二，黄金具有除了交换媒介之外其他用途。这些使得当黄金作为货币的价值增加时，会有更好的开采技术，或者黄金会从其他用途转换为货币使用，从而增加黄金货币供给。因此，黄金的价格相比 Bitcoin 的价格波动性没有那么大。文章分析 Bitcoin 存在两个问题加重了价格的不稳定性。一个是挖矿能力与货币发行无关，使得无法通过提高挖矿能力减轻货币价值增加；另一个问题是挖矿能力本身不稳定，在 Bitcoin 价值增加的时间里，挖矿还有利可图。一旦 Bitcoin 价值下降，挖矿缺少激励，支付网络的处理能力将很快降低。

同时，Bitcoin 的价格很容易受到重大媒体事件的影响。比如，中国央行宣布禁止银行从事 Bitcoin 业务，最大的 Mt.Gox 宣布破产等。这些事件都引起了 Bitcoin 价格的巨大波动。可以借鉴的研究包括 Lee et al. (2003) 和 Rogers (2004)，价格可能随着创新事物的普及而快速攀升。Glaser et al. (2014) 的研究也表明，媒体报道对于价格波动有很大作用。

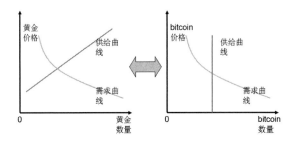

图2、 黄金供求与 Bitcoin 供求比较

Smith (2014) 通过考察与主要货币汇率变动关系分析了 Bitcoin 价格特点。首先，货币之间基于 Bitcoin 的间接汇率与直接汇率表现出比较强的一致性，表明在 Bitcoin 交易市场和各个汇率市场之间存在套利行为；其二，与黄金外汇市场价格比较发现，货币之间基于 Bitcoin 的间接汇率与直接汇率之差比货币之间基于黄金的间接汇率与直接汇率之差区间更大、波动更加明显，因此可以得出黄

金外汇市场的有效性更好。文章认为，目前影响 Bitcoin 交易市场有效性的原因在于 Bitcoin 交易规模还很小，各市场套利的激励不大。另外，Bitcoin 交易市场本身发展还不成熟。

表1、Bitcoin账户余额情况（2012年5月3日情况）

余额大于或等于	余额小于	持有人 （可以有多个账户）	账户
0	0.01	2,097,245	3,399,539
0.01	0.1	192,931	152,890
0.1	10	95,396	101,186
10	100	67,579	68,907
100	1,000	6,746	6,778
1,000	10,000	841	848
10,000	50,000	71	65
50,000	100,000	5	3
100,000	200,000	1	1
200,000	400,000	1	1
400,000		0	0

资料来源：Ron et al. (2013)

Ron et al. (2013) 比较系统地研究了 Bitcoin 的交易特征，包括 Bitcoin 的真实交易者数量、每个账户持有情况、账户的变动情况、Bitcoin 的持有分布情况、交易和储蓄特征等。他们发现了两个重要结论：第一，从 Bitcoin 产生至今，大部分 Bitcoin 没有参与流通，它们被转入特定账户后，就从流通中消失了。第二，大多数人只持有很小数量的 Bitcoin，Bitcoin 分布高度集中。表1给出了每个账户和持有人（可以拥有多个账户）Bitcoin 余额的统计情况。可以看到，97% 的账户只持有少于10个 Bitcoin。另外，90% 以上的账户交易次数少于10次，并不活跃。这表明受 Bitcoin 稀缺性、升值预期等因素的影响，Bitcoin 的持有者更多选择持有，而不是交易。该种行为将限制 Bitcoin 的推广和应用。

三、数字加密货币是不是货币

多数文献通过分析 Bitcoin 是否具有货币三个基本职能（交易媒介、记账单元或者一般等价物、价值存储）研究它是不是货币的问题。

Yermack (2013) 的研究比较有代表性。文章认为在履行传统货币三个职能时，Bitcoin 面对很大的挑战。在交换媒介方面，目前 Bitcoin 还没被广泛使用。根据数据统计和专家评估，每天可能发生约7万笔 Bitcoin 交易，其中80% 是投机行为，因此仅有15000次可以看做购买商品和服务。考虑到全球每天实际交易水平，Bitcoin 作为交换媒介的作用和意义微乎其微。另外，消费者必须持有 Bitcoin 才能完成交易，而不像信用卡、Paypal 等一样可以通过信用支付。Bitcoin 交易平台面临比较大的流动性风险、操作风险等。在记账单元方面，Bitcoin 的价格大幅波动阻碍了它作为记账单元。即使在比较大的 Bitcoin 交易所之间，同一时间 Bitcoin 的价格也不同，差异可以达到7%。说明 Bitcoin 交易市场的有效性还有待提高。价格的不确定性给 Bitcoin 的使用带来很大的问题。另一个因素是，

Bitcoin 作为记账单元的障碍是 Bitcoin 的价格太高了，如果应用在零售商品的支付上，需要计算到小数点后面许多位之后。显然这给商品的标价带来了麻烦。在价值存储方面，Bitcoin 的波动性比高风险股票价格的波动性还大。作者比较了 Bitcoin 与其他主要货币的美元价格之间的相关性。如表2。可见 Bitcoin 和主要货币之间都缺少相关性，与黄金也没有相关性。这使得 Bitcoin 很难进行风险对冲和风险管理。除 Bitcoin 还未能满足传统货币的三个职能之外，Bitcoin 也缺少现代货币的其他特点，比如不能存入银行获取利息；缺少像存款保险一样的保障机制；没有在贷款、信用卡等日常金融活动中被广泛接受和使用；常见的货币期货或者货币互换等金融产品中也没有使用 Bitcoin。贾丽平（2013）分析了 Bitcoin 的货币属性和产生的客观经济基础。

表2、Bitcoin与主要货币之间相关性分析

	欧元	日元	瑞士法郎	英镑	黄金	Bitcoin
欧元	1.00	0.18	0.61	0.64	0.20	−0.05
日元		1.00	0.33	0.20	0.07	0.01
瑞士法郎			1.00	0.42	0.19	−0.04
英镑				1.00	0.21	−0.02
黄金					1.00	−0.06
Bitcoin						1.00

资料来源：Yermack (2013)

一个与 Bitcoin 货币问题相关的现象是，Bitcoin 价格持续剧

烈波动令人怀疑它并没有作为交换媒介，而是被更多的人视为一种投机资产持有和交易。Laidler (1969) 对资产和货币的区别做了理论上的研究。Florian et al. (2014) 分析了 Bitcoin 的货币和资产属性。通过分析 blockchain 来研究参与者的行为方式和动机。他们认为，参与者动机发生了变化。新参与者更多地把 Bitcoin 视为可兑换资产，而不是充当交易媒介。Buchholz (2012) 分析 Bitcoin 价格波动对价格趋势有正面影响，这与资产泡沫的特征相同。因此，他们认为当前 Bitcoin 存在资产泡沫的问题。Yermack (2013) 也认为 Bitcoin 看上去和20世纪90年代末期互联网股票泡沫中的投机性资产有更多相似之处。

数字加密货币是不是货币的争议至今没有停止。比较尖锐的批评包括 Krugman (2013)。但不能否认，在特定领域，Bitcoin 曾被作为现实货币的替代物来使用，包括交易、定价等。比如，丝绸之路(Silk Road) 以买卖毒品和枪支而臭名昭著，并且只接受 Bitcoin 支付。卡耐基梅隆大学的 Christin (2012) 研究指出，丝绸之路每月大概发生120万美元交易。2013年5月份，美国 FBI 关闭了丝绸之路，并获取了交易的 Bitcoin。谢平等（2014）认为 Bitcoin 是互联网条件下货币的一次变异，目前还不是一个完整的货币解决方案，它为我们设计新的货币方案提供了一些有益的参考。事实上，一种事物被视为支付手段和货币取决于人们对它的共识。历史上很多东西都曾被当做货币，所以当需要面对电子货币或虚拟货币时，我们不应该太惊讶。

四、关于货币问题的新观点

除开传统的分析以外，有一些比较新颖的关于货币的观点。

Selgin (2013) 认为数字加密货币是一种介于商品货币和纸币之间的人工商品货币(Synthetic Commodity Money)。比如，以贵金属为代表的商品货币一般具有非货币价值，数量受到自然资源的限制。现代的纸币不再和特定的商品直接关联，除了作为货币使用以外没有其他用途，数量主要由中央银行控制，相对灵活。人工商品货币兼具商品货币和纸币的特点，它没有货币之外的价值，数量通过程序设置，相对有限。与传统货币的比较如表3所示：

表3、人工商品货币与传统货币的比较

		是否具有非货币价值	
		是	否
数量是否有限	相对有限	商品货币	人工商品货币
	相对灵活	未定义	纸币

人工商品货币的最大优点在于，在这种货币机制下，货币的管理既能够不完全依靠中央银行又能摆脱天然商品货币的随意性。人工商品货币最大的疑问是在缺乏非货币价值，又没有第三方机构背书的条件下，这种新的货币能不能广泛的流通？文章分析了一种曾在伊拉克北部流通的纸币(Iraqi Swiss Dinar)，海湾战争时政府取消了它的法定地位。但战争后很长的一段时间，这种货币仍然被当地人们视为通用的交换媒介，并且保持了币值稳定。因此，人工商品货币即使没有内在商品价值，或者没有特定机构发行，只要被人

们广泛接受，仍然可以像传统货币一样。Bitcoin 是人工商品货币的另外一个实例，具有更好的灵活性和先进性。最后，作者也认为，从目前来看，人工商品货币机制更多的是一种设想，取代法定货币广泛流通还为时过早。

Luther and Olson (2014) 指出 Bitcoin 可以视为 Kocherlakota (1998) 关于货币与记忆 (Memory) 等价观点的一个实现。其中，货币被定义为一种特殊商品，不会腐化，没有进入个人消费偏好函数、生产函数。记忆被视为一种机制，每个人过往的交易对象、交易行为都被记录下来。这些记录可以无费用地被人们查询到。

20世纪后期兴起的新货币经济学给我们认识数字加密货币提供了新的思路。该理论认为，当前货币现象是法定限制的结果，一定条件下货币传统职能可以分离。记账单元可以是纯粹抽象的，而交易媒介可以采取实物资产的债权形式等。尹龙（2002）对网络化、电子化条件下货币的新形态进行了精彩的分析。贝多广等（2013）将 Bitcoin 视为一种对法定货币补充和替代的"补充性货币"。文章认为，货币制度是国家和社会力量相互作用的结果。当法定货币泛滥不为人们所信任时，补充性货币将大量涌现。数字加密货币无中介、跨国界的特点势必加深我们对货币问题的认识。

数字加密货币的发展和演变

历史上，不同时期、不同区域，都有不同形态的货币存在，那么数字加密货币能不能有比较长久的生命力？

Luther and White (2014) 以实例的方式来分析 Bitcoin 可以有

更长远的生命力。其中关键是商业化和企业创新能力将推动 Bitcoin 的发展。有两个实例，一个是市场交易价格提示，一个是实时货币转换服务。市场交易价格提示是同时提供一般货币和 Bitcoin 的商品价格，让消费者自行选择适宜的交易方式。实时货币转换服务是消费者通过 Bitcoin 支付，中间交易商会将 Bitcoin 实时换算为一般货币支付给商家。由中间交易商承担 Bitcoin 价格波动的影响。

Bitcoin 必须和现有货币竞争。Weber (2014) 认为现在的金融已经发展成了一个基于中央银行和商业银行的庞大体系。货币的发行和信用的扩展不是简单的挖矿和价格调整，因此要想取代这个体系还为时过早。同时，与纸币相比，Bitcoin 的发行与经济发展没有关系。如果 Bitcoin 成为经济中的主流货币，由于它的有限性会导致经济产生通货紧缩。因此，很难想象只有 Bitcoin 存在的现代经济。成为一种并行货币似乎是 Bitcoin 的惟一选项。Dwyer (2014) 同样对人们从使用传统货币转向 Bitcoin 提出疑问。比如，Bitcoin 的匿名性只是一部分人的偏好，多数人并不在意这点。人们往往倾向于使用同一种货币构成他们的资产负债表，以避免汇率的波动。Bitcoin 也有一些优点，它有利于进行跨国交易。像 Bitcoin 一样新型的数字加密货币对政府管理好发行的货币也有一定约束力。虽然很难想象当通货膨胀仅仅为1% 或者2% 左右时，这种约束会有多大。但对于通货膨胀比较严重，又企图通过资本和货币管制来进行经济调控的国家而言，Bitcoin 等数字加密货币容易跨国流动的特性的确需要慎重考虑。Bitcoin 还必须面对其他数字加密货币的竞争，这和哈耶克建议的货币竞争方案相似。Iwamura et al. (2014) 认为数字加密货币之间的竞争可以减少 Bitcoin 的泡沫。

在 Bitcoin 现象中，有一个问题是引人入胜的。既然现行的货币体系为人们所诟病，把 Bitcoin 视为一种新的货币形式，并且相对于传统货币具有先进性，那么 Bitcoin 为什么没有迅速取代传统货币？

Luther (2013) 采用了 Kevin and Greenaway (1993) 建立的模型分析这个问题。模型认为，货币具有网络效应，一个人使用货币的效用很大程度上取决于其他人也使用同一货币。另外，当人们从一种旧有货币向新生货币转换时，需要付出转换成本。因此，新货币的效用可以表示为：

$$v(T) = [(c+dn)\int_{T}^{\infty} e^{-r(t-T)}dt] - s = (c+dn)/r - s$$

其中 $n \equiv \ln(N)$，N 为使用该货币的人数，c 和 d 为固定参数，r 为贴现率，T 为转换时点，s 为转换成本。旧货币的效用形式相似，s 为0，固定参数有差异。进一步的分析，在转换成本过高，并且新货币并未得到多数人认可时，即使新生货币相比旧有货币具有更好的特点，人们仍然会选择使用旧货币。在适应性预期假设下，人们进行货币转换的难度会加大。文章考察了 Bitcoin 的特性、目前的分布和交易情况，认为在数字化条件下，新货币的转换成本并不大。货币的网络效应是影响 Bitcoin 成为通用货币的主要障碍。因此，除非得到政府的支持或者出现严重通货膨胀，否则数字加密货币难以取代当前货币。

Kocherlakota and Wallace (1998) 曾研究了货币与记忆 (Memory) 机制的相似性和可替代性。在此基础上，Luther and Olson (2014) 将 Bitcoin 网络视为记忆一个存在部分缺陷的现实应用，并对 Bitcoin 和现实货币的共存现象进行了分析。他们认为，当现实货币受到冲击时，Bitcoin 应用会进一步提高，正是两种机制相互竞争和替代的证明。

一些研究试图改进 Bitcoin 的工作证明方式，使之具有更明确的经济学意义，进一步实现货币发行的内生化。

数字加密货币对支付创新的启示

自从传统的支付活动被电子化以来，底层的支付技术几乎没有根本性的改变，仍然主要由银行体系多层次构成。货币和支付方式有着天然关联。一些观点认为，对数字加密货币的关注应该放在它创造了一种新的支付模式。比如，吴晓灵（2014）认为算法货币只解决了货币信用问题，还无法解决适应社会经济需求的调节问题。在目前的情况下，其更多的用途可能还在能够低成本高效率地完成价值传递。怎样和现在的金融体系很好地结合在一起，并改进支付体系的支付清算服务是值得研讨的方向。美联储前主席伯南克认为虚拟货币或许有长远的未来。美国国会听证会认为 Bitcoin 将对于商业支付领域创新有积极作用。国际清算银行分析了零售支付领域非银行现象。英国中央银行 Ali et al. (2014) 比较详细分析了 Bitcoin 的支付方式，以及带来的启发。文章认为，数字货币最大的创新就在于构建了一个全局分布式的账户系统，人们可以通过该系统完成支付活动，而不再需要银行等中介的支持。他们的观点是目前研究数字货币支付创新的主流观点。也有一些相对比较谨慎的意见。如 Evans (2014) 着重分析了数字货币构建的全局分布式账户系统，并对这种新的支付模式与传统支付模式进行了细致的比较。他认为，判断新的支付模式能否取得优势还缺乏确实的依据。

一些研究认为 Ripple 可以代表一种新的支付方式。Schwartz et al. (2014) 从应对拜占庭将军问题的角度，描述了 Ripple 的分布式一致性算法。认为，一个好的算法需要考虑正确性、一致性和有效性。其中，正确性指一个系统需要有能力识别欺诈性的交易；一致性指分布式系统需要维护一个全局一致的账户体系；有效性指系统能有效率地处理交易。Ripple 借鉴了 Bitcoin 分布式账户和加密技术，通过有选择性的确定支付节点，实现一致性和有效性的平衡。值得指出的是，Ripple 采用的并不是解决拜占庭将军问题最有力的算法，而是更多从有效性考虑，确保 Ripple 的实用性和商业化。Ripple Primer [1] 对 Ripple 原理进行了基本介绍。从文献来看，XRP 是 Ripple 网络内部交易媒介，但 Ripple 支付并不局限于特定货币。在设定支付网关和外汇市场充分有效的前提下，Ripple 还支持不同货币的自由支付。比如在跨国支付中，消费者可以在 Ripple 中使用本国货币，商家可以根据自身偏好选择收获美元、日元或者其他货币。

数字加密货币的合法化

货币在许多国家都有法定意义，比如铸币法、法定清偿力等。Bitcoin 等数字加密货币并不满足这些法定要求，这给它们的发展和监管带来了很大的问题。事实上，法律建设和监管完善是新的支付

1　https://ripple.com/

手段发展的重要因素。

数字加密货币处在法律和监管的灰色地带，这使得使用者对它的广泛应用存在疑问。主要有几个问题：数字加密货币是否与现行法律有冲突？立法者或监管者应该对它采取怎样的行动？现行法律和监管可以怎样调整以适应数字加密货币发展的趋势？

数字加密货币面临合法化挑战。耶鲁大学 Grinberg (2012) 在美国法律体系下对 Bitcoin 进行了研究，包括与美联储的货币发行权、证券法以及反洗钱相关法律的关系。在货币发行方面，《邮戳支付法案》和《联邦伪造法案》对 Bitcoin 有实质性影响。两个法案在不修改的条件下，无法适用于 Bitcoin。由于缺少发行机构，Bitcoin 与证券法界定的证券概念也有很大差异。而反洗钱法案对 Bitcoin 的发展可能有较大限制。美国天普大学 Kaplanov (2012) 研究了使用 Bitcoin 的法律问题，并分析了美联储监管 Bitcoin 交易的主要障碍。Bollen (2013) 分析了 Bitcoin 的法律特征。Bitcoin 的价格波动吸引很多人愿意持有而不是将其作为交易手段。Bitcoin 应该被视为一种财产，而不是一种合同或者债务承诺，这有点像电子音乐、知识产权等。但 Bitcoin 又不同于这些通常的电子商品，它除了作为交换媒介以外别无他用。Hughes and Middlebrook (2014) 比较系统地介绍和分析了美国针对数字货币所采取的监管和立法措施。文章认为，数字货币通过绕开以银行为主的支付体系，消弱了政府对货币的监管。事实上，数字货币具有的匿名性，吸引了不少违法者通过这种新的支付方式转移资金，从事恐怖活动、赌博等。另外，一些重要案件的审理也对数字加密货币的合法化和监管提供了借鉴。

比如，美国对 e-gold 的审判。审判中争议的焦点在于 e-gold 是否提供的是法规所定义的现金或货币转移服务。法院对法规做了新的解释，从而 e-gold 涉嫌非法活动成立。分析认为，e-gold 案件仅解决了面临数字货币挑战的一部分问题。电子货币交易网站 Liberty Reserve 于2013年被指控从事非法活动，涉案金额达到60多亿美元，已被美国政府取缔。

尽管如此，美国 Bitcoin 等虚拟货币的正常化还是取得了显著的成绩。2014年6月底，加州州长 Jerry Brown 正式签署了 AB129 法案[1]。该法案呼吁废除《加州公司法典》第107节，即禁止公司和个人创建货币的非法定形式，为 Bitcoin 等虚拟货币在加州合法化铺平道路。由于互联网的全球特性，加州的合法虚拟货币就很容易在全球使用。

将交易纳入税收是数字加密货币正常化很重要的一步。德国将 Bitcoin 视为一种资产征税，如同黄金、股票等一样。Bal (2014) 探讨了 Bitcoin 征税的问题，认为应该对交易 Bitcoin 所得进行纳税。Isom (2014) 分析了交易者如何满足美国国税局的税收合法性要求。Bitcoin 匿名交易特征使得目前征税方式比较困难。Marian (2013) and Ogunbadewa (2014) 认为传统的基于金融机构的反偷税漏税机制不适应基于 Bitcoin 的交易行为。Bitcoin 避税功能将激发监管者应对数字加密货币对传统征税方法带来的冲击。目前，Bitcoin 还未能普遍被接受，需要交易网站完成现实货币的兑换。这些网站会存储交易者的银行账户或者信用卡信息等。因此监管机构可以执行类

1　http://leginfo.legislature.ca.gov/faces/billNavClient.xhtml?bill_id=201320140AB129

似《海外账户纳税法案》（FATCA）的法规去管理交易网站，加强反偷税漏税。

数字加密货币的监管

一、监管挑战和各国现状

Bitcoin 等数字加密货币给监管带来了很大问题(Tu，2014)：第一，没有中心化的管理机构。在一般的监管法规中，一个核心内容即监管机构对中心管理机构提出合规性要求，中心机构依据合规要求开展业务活动。Bitcoin 带来的问题是，没有任何中心机构发行和维护它。这使得监管需要创新来适应新环境。另外，缺少中心机构也使得参与 Bitcoin 交易的消费者没法追溯在交易中遭受的意外损失。第二，匿名性。传统金融机构需要执行严格的客户识别程序，以避免参与非法金融活动。因此除现金以外，其他常用金融交易形式都和客户信息关联。相比之下，Bitcoin 提供了更多的匿名性。第三，易受攻击。和现金一样，Bitcoin 可能丢失，或者被盗窃。而且，在 Bitcoin 协议里，支付一旦确认不能被取消。这些特性吸引了网络犯罪者。2014年3月，报道称有818,485.77个 Bitcoin 价值502,081,166.11美元被盗。盗窃的问题不仅限于个人电脑的使用者。事实上，一些从事 Bitcoin 交易的商业机构也被视为黑客攻击的对象。像 Mt.Gox 和 Flexcoin 等交易平台在黑客攻击后丢失大量 Bitcoin，以致破产。还存在一些黑客在用户不知情的情况下，控制电脑用于 Bitcoin 挖矿，将挖矿所得非法占有。Bollen (2013) 认为对虚拟货币的监管还处在非常初级的阶段。监管往往落后于技术创新。很多监管机构还没有建立适合于虚拟货币的监管体系。

美国国会法律图书馆（2014）调查了40多个国家对 Bitcoin 的监管措施。调查显示可以将对 Bitcoin 的监管措施大致分为四类：（1）没有针对虚拟货币的监管，有31个国家；（2）制定了虚拟货币的税收政策，但没有进一步监管措施，有6个国家；（3）禁止或者限制虚拟货币的使用，有3个国家；（4）将虚拟货币视为货币的一种形式，并据此制定相应的监管措施，有3个国家。欧洲央行对数字加密货币的关注比较早。2012年就发表警示，认为 Bitcoin 对于投资者具有高风险，但没法定性这种新货币是庞氏骗局。中国政府2013年12月[1] 宣布禁止 Bitcoin 作为流通货币使用，金融机构和支付公司不能从事 Bitcoin 等虚拟货币业务。这导致零售商停止接受 Bitcoin 支付，并促使 Bitcoin 价格大幅下跌。但同时，中国政府表示，个人在风险自负的前提下可以从事 Bitcoin 交易。中国香港金管局 [2]警示了 Bitcoin 可能具有较高洗钱或者用于恐怖分子集资的风险。

在美国，对 Bitcoin 等虚拟货币的监管逐步完善。为了便于监管 Bitcoin 等虚拟货币，FinCEN (2013) 发布了针对虚拟货币监管的新规定。FinCEN 认为不是所有的虚拟货币，只有可转换的虚拟货币需要受到监管，因为该种货币具有现实货币的价值，或者可以作为现实货币的替代物使用。除此之外，FinCEN 将虚拟货币参与者分为三类，普通使用者、交易商、管理者。其中，交易商和管理者

1　关于防范比特币风险的通知，中国人民银行等五部委，2013年12月。

2　虚拟商品的相关风险，香港金管局，2014年。

需要受到监管条例的约束。

2014年颁布的纽约州虚拟货币监管框架(BitLicenses)[1]是一个比较完整地针对虚拟货币的金融监管条例。框架包含了六方面内容：第一方面是关于虚拟货币的定义；第二方面定义了虚拟货币商业行为，从事该行为的企业需要获取许可；第三方面关于商业活动流动性要求，即机构或个人需持有特定数量的虚拟货币以应对流动性风险；第四方面关于反洗钱和客户身份识别，其中一些规定超出了FinCEN的要求；第五方面消费者信息披露；第六方面消费者遭遇欺诈后的损失补偿。Hughes (2014) 对监管条例的内容和适用性进行了分析，并认为判断该条例是否有利于促进虚拟货币的发展有待时日。

二、数字加密货币的监管建议

创新和监管是一个矛盾。Yee (2014) 文章具有启发性。作者认为像 Internet 的作用一样，Bitcoin 可视为一个基本的逻辑平台，在其之上有信息层，可以创新更多的金融应用。Bitcoin 与 Internet 的比较见图3。Bitcoin 的 P2P 性质对监管的冲击是巨大的，因为它似乎很难被监管。因此建议将信息层的 Bitcoin 中介机构视为监管的对象。

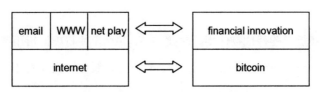

图3、 Internet 与 Bitcoin 层次比较

---

1   http://www.dfs.ny.gov/about/press2014/pr1407171-vc.pdf

如果想获得更多的成功，数字加密货币需要面临更严格的监管。Sirila (2014) 认为，Bitcoin 可以从手机支付平台 M-PESA 在肯尼亚取得成功吸取经验。由于传统金融机构缺乏动机在边远地区提供金融服务，这为手机支付平台提供相应服务带来了机遇。最初，非洲商业银行申请将 M-PESA 作为一种新的金融产品尝试推广，得到了中央银行的许可。在试运行期间，M-PESA 就取得了很大的成功。M-PESA 开始受到了中央银行的严格审查，可以预期 Bitcoin 也会受到同样的审查。M-PESA 采取了几个重要步骤：客户身份核实；消费者保护，通过资金托管，保证客户资金的安全；通过保证 M-PESA 的电子资金和现实货币一一对应，避免信用扩张；建立比较完善的监管报告制度等。2011年，肯尼亚为规范 M-PESA 专门制定了 NPSA 法规。根据世界银行的统计，在非洲，跨境支付的费用仍然非常高昂。因此，Bitcoin 可以从已有的监管法规中规范自己，以便更好的普及。Plassaras (2013) 研究了从 IMF 角度如何应对 Bitcoin 对全球货币市场的冲击。Bitcoin 在货币交换中的优势，比如匿名性和去中心化，可能使得它在国际货币交换体系中扮演越来越重要的角色。这将与 IMF 负责平衡汇率和应对国际货币危机的职能产生冲突。IMF 有必要对 Bitcoin 采取行动，防止货币投机。

总之，货币和支付是经济、金融的核心问题。长远来看，各国在互联网金融领域的竞争与合作将更加明显。因此，数字加密货币等互联网货币的创新和发展值得高度关注，认真研究。

参考文献

[01] 谢平、邹传伟和刘海二，2014，《互联网金融手册》，中国人民大学出版社2014年4月第一版。

[02] 尹龙，2002，《网络银行与电子货币－网络金融理论初探》博士论文。

[03] 贝多广和罗煜，2013，《补充性货币的理论、最新发展及对法定货币的挑战》，《经济学动态》第9期，第4－10页。

[04] 贾丽平，2013，《比特币的理论、实践和影响》，《国际金融研究》第12期，第14－25页。

[05] 吴晓灵，2014，从信息网络到价值网络－信息技术在金融业的应用，三亚·财经国际论坛。

[06] Ali R., J. Barrdear, R. Clews and J. Southgate, 2014, "Innovations in payment technologies and the emergence of digital currencies".

[07] Babaioff M., S. Dobzinski, S. Oren and A. Zohar, 2012, "On Bitcoin and Red Balloons".

[08] Bal A., 2014, "Should Virtual Currency Be Subject To Income Tax?".

[09] Bergstra A. J. and K. D. Leeuw, 2013, "Questions related to Bitcoin and other informational Money".

[10] Bollen R., 2013, "The legal status of online currencies:are Bitcoins the future?".

[11] Buchholz M., J. Delaney, J. Warren and J. Parker, 2012, "Bits and Bets - Information, Price Volatility, and demand for Bitcoin".

[12] Christin N., 2012, "Traveling the Silk Road: A measurement analysis of a large anonymous online marketplace".

[13] Drainville D., 2012, "An Analysis of the Bitcoin Electronic Cash System".

[14] Dwyer P. G., 2014, "The economics of digital currencies and Similar Private Digital Currencies".

[15] European Central Bank, 2012, "Virtual currency schemes".

[16] Evans S. D., 2014, "Economic Aspects of Bitcoin and other Decentralized public Ledger Currency Platforms".

[17] FinCEN, 2013, "Application of FinCEN's Regulations to Persons Administering, Exchanging, or Using Virtual Currencies".

[18] Florian G., Z. Kai, H. Martin and W. M. Christian, 2014, "Bitcoin - asset or currency? revealing users' hidden intentions".

[19] Glaser F., M. Haferkorn, M. C. Weber and K. Zimmermann, 2014, "How to price a digital currency? Empirical insights on the influence of media coverage on the Bitcoin bubble," MKWI 2014 (Paderborn) & Banking and Information Technology.

[20] Grinberg R., 2012, "Bitcoin: An Innovative Alternative Digital Currency".

[21] Hughes J. S., 2014, "Did New York State Just Anoint Virtual Currencies by Proposing to Regulate Them, or Will Regulation Spoil Them for Some?".

[22] Hughes J. S. and S. T. Middlebrook, 2014, "Regulating Cryptocurrencies in the United States: Current Issues and Future Directions".

[23] Isom J., 2014, "As Certain as Death and Taxes: Consumer Considerations of Bitcoin Transactions for when the IRS Comes Knocking".

[24] Iwamura M., Y. Kitamura and T. Matsumoto, 2014, "Is Bitcoin the Only Cryptocurrency in the Town?".

[25] Kaplanov M. N., 2012, "Nerdy Money: Bitcoin, the Private Digital Currency, and the Case Against Its Regulation".

[26] Kevin D. and D. Greenaway, 1993, "Currency Competition, Network Externalities and Switching Costs: Towards an Alternative View of Optimum Currency Areas," The economic Journal, 103(420), p1180-1189.

[27] Kocherlakota R. N., 1998, "Money is Memory," Journal of Economic Theory, 81, p232-251.

[28] Kocherlakota R. N. and N. Wallace, 1998, "Incomplete record-keeping and optimal payment arrangements," Journal of Economic Theory, 81(2), p272-289.

[29] Krugram P., 2013, "Bitcoin is evil," The New York Times.

[30] Laidler D., 1969, "The Definition of Money: Theoretical and Empirical Problems," Journal of Money, Credit and Banking, 1(3), p508-25.

[31] Lee H., K. G. Smith and C. M. Grimm, 2003, "The Effect of New Product Radicality and Scope on the Extent and Speed of Innovation Diffusion," Journal of Management, 29(5), p753-768.

[32] Library of Congress, 2014, "Report for Congress-Regulation of Bitcoin in Selected Jurisdictions".

[33] Luther J. W., 2013, "Cryptocurrencies,Network Effects,and Switching Costs".

[34] Luther J. W. and J. Olson, 2014, "Bitcoin is Memory".

[35] Luther J. W. and L. H. White, 2014, "Can Bitcoin Become a Major Currency?".

[36] Marian O., 2013, "Are cryptocurrencies super tax havens?".

[37] Nakamoto S., 2008, "Bitcoin: A Peer-to-Peer Electronic Cash System".

[38] Ogunbadewa A. A., 2014, "The 'Bitcoin' virtual currency: a safe haven for money launderers?".

[39] Plassaras A. N., 2013, "Regulating Digital Currencies: Bringing Bitcoin within the Reach of the IMF," Chicago Journal of International Law.

[40] Reid F. and M. Harrigan, 2012, "An Analysis of Anonymity in the Bitcoin system".

[41] Rogers M. E., 2004, "A Prospective and Retrospective Look at the Diffusion Model," Journal of Health Communication: International Perspectives,9,p13-19.

[42] Ron D. and A. Shamir, 2013, "Quantitative Analysis of the Full Bitcoin transaction Graph".

[43] Schwartz D., N. Youngs and A. Britto, 2014, "The Ripple Protocol Consensus Algorithm".

[44] Selgin G., 2013, "Synthetic Commodity Money".

[45] Sirila D., 2014, "The Pleasures and Perils of New Money in Old Pockets; MPESA and Bitcoin in Kenya".

[46] Smith J., 2014, "An Analysis of Bitcoin Exchange Rates".

[47] Sprankel S., 2013, "Technical Basis of Digital Currencies".

[48] Tu V. K. and M. W. Meredith,2014," Rethinking virtual currency regulation in the Bitcoin age".

[49] Weber B., 2014, "Can Bitcoin compete with money?," Journal of Peer production,Issue 4.

[50] World of Bank CGAP, 2014, "Bitcoin Versus Electronic Money".

[51] Yee A., 2014, "Internet architecture and the layers principle: a conceptual framework for regulating Bitcoin," Internet Policy Review, 3(3), DOI:10.14763/2014.3.289.

[52] Yermack D., 2013, "Is Bitcoin a Real Currency? An economic appraisal".

第六讲 ICT、移动支付与电子货币

引言

移动支付的基础是移动通信技术和设备的发展，特别是移动电话[1]和掌上电脑（比如 iPhone 和 iPad）的普及，目前典型的有手机银行、手机购物支付等。来自艾瑞网的数据显示，2012年全球移动支付交易规模预计将达到1715亿美元，较2011年的1059亿美元增长61.9%；同时，2012年全球移动支付用户数量将达到2.1亿人，同比增长31.3%。另据艾瑞咨询整理的 Pew Internet 调查数据，多数互联网专家认为2020年移动支付将取代现金和信用卡成为主要支付方式，手机和掌上电脑替代信用卡将在不远的将来实现。

移动互联网和多网融合将进一步促进移动支付发展。随着 Wi-Fi、3G 等技术发展，互联网和移动通信网络的融合趋势已非常明显，有线电话网络、广播电视网络和物联网也会融合进来。在此基础上，移动支付将与银行卡、网上银行等电子支付方式进一步整合。未来的移动支付将更便捷、人性化，真正做到随时、随地和以任何方式（anytime，anywhere，anyhow）进行支付。随着身份认证技术和

---

1 国际电信联盟的数据显示，2011年底，世界平均手机普及率为86%。

数字签名技术等安全防范软件的发展，移动支付不仅能解决日常生活中的小额支付，也能解决企业之间的大额支付，完全有可能替代现在的现金、支票、信用卡等银行结算支付手段[1]。

目前，比较典型的移动支付模式在非洲，如肯尼亚的 M-Pesa、赞比亚的 Celpay 和南非的 Wizzits 等，特别是肯尼亚的 M-Pesa，它目前是全球接受度最高的手机支付系统。截至2011年末，M-Pesa 的用户已超过1千4百万。在肯尼亚，M-Pesa 的汇款业务超过国内所有金融机构的总和。正因为如此，一些国家成功复制了肯尼亚的 M-Pesa，如坦桑尼亚，其他一些发展中国家也正在考虑复制肯尼亚的 M-Pesa，如南非、阿富汗、印度、埃及等。M-Pesa 成功的原因在于手机普及率超过了正规金融机构的网点或自助设备，以及移动通信、互联网和金融的结合。

在中国国内，目前还没有成熟的移动支付模式，但2012年初三大移动运营商分别获批第三方支付牌照，使国内移动支付前景一片光明。艾瑞咨询数据显示，截至2011年底，中国移动支付交易规模总额将达到481.4亿元，同比增长149.4%，整体呈现爆发式的增长态势。艾瑞预计，中国移动支付交易规模将在2013年底超过2000亿元。2011年中国移动支付用户规模将达到1.9亿。2013年中国移动支付用户规模将达到4.8亿（见图1）。移动支付用户规模的增长带动了整个行业用户规模的爆发，另外，手机短信支付也在用户群体中得到了进一步的普及。

1　谢平、邹传伟和刘海二. 互联网金融模式研究 [J]. 新金融评论，2012（1）。

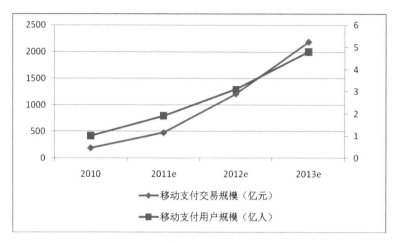

图1、中国移动支付市场

　　总之，随着人们消费思维的改变，对生活便利程度要求越来越高，加之移动支付技术的不断完善，可以预期移动支付使用范围将会越来越大，使用人数会越来越多，直至完全替代现金和银行卡等支付方式。移动支付的快速发展，将对货币的存在形式、中央银行的货币供求和货币控制等方面产生深刻的影响。

　　移动支付是指通过移动通信设备、利用无线通信技术来转移货币价值以清偿债权债务关系（帅青红，2011）。移动支付存在的基础是移动终端的普及和移动互联网的发展，可移动性是其最大的特色，随着移动终端普及率的提高，在未来，移动支付完全有可能替代现金和银行卡，被人们在商品劳务交易和债权债务清偿中普遍接受，成为电子货币形态的一种主要表现形式。移动支付的特点如下：第一，利用移动通信设备为载体，主要表现为手机；第二，运用无线通信技术或移动互联网；第三，电子货币是移动支付存在的基础，电子货币与移动支付是一对孪生兄弟；第四，移动支付是货币形态的表现形式而非货币本质的改变。

移动支付、电子货币与货币形态

马克思认为货币的本质是价值形式的发展，是一种社会生产关系。而米什金在《货币金融学》一书中却说货币是由一国法律规定，在商品劳务交易和债权债务清偿中被普遍接受的东西，把货币可归结为人们的认可和约同。我们也认为货币是人们普遍接受的一种合约，而电子货币是货币的一种形态，移动支付是这种货币形态的表现方式，移动支付的实质就是电子货币的流转。随着社会的发展和交换的需要，移动支付将逐步成为人们普遍接受的支付方式，其最大的特点是可移动性，同时排除了找零的麻烦，携带方便，更为重要的是其可融入其他金融服务。

货币形态的演变经历了商品货币、贵金属货币、代用纸币和信用货币。当今社会处于信用货币时代，主要表现为纸币和一部分电子货币，目前电子货币使用最多的是中国香港和新加坡，其次是日本。与之同时，支付方式也随货币形态的演变而不断演变，经历了牛羊铁贝壳等商品形式、金银、保管凭条、现金、银行卡、支票、网上支付、移动支付和电子票据出示和付款（EBPP）等等。目前主要的支付方式表现为现金、纸基票据、电子化形式的支付卡、网上指令支付、电话指令支付和移动支付等形式。

货币形态和支付方式是相互相存的，支付方式是随着货币形态的演变而演变的，支付方式是货币形态最直观的表现，具体到电子

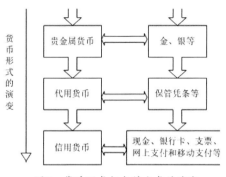

图2、货币形式与支付方式的演变

货币，其本质是信用货币，表现形式可以是电子汇票、银行卡、网上支付与移动支付等。在这些支付方式中，移动支付具有得天独厚的优势，这是因为金融是数字化，信息通信技术也是数字化，二者具有天然的联系。在未来，随着移动终端的普及，移动支付将会是电子货币最主要的表现形式，替代掉现金和其他支付形式。移动支付不仅可以进行小额支付，随着数字证书和其他安全防范软件的发展，也可以进行大额支付。移动支付不仅可以进行远场支付，同时也能进行近场支付。虽然现金也能进行近场支付，但不具备远场支付的功能，银行卡尤其是信用卡同样具备近场支付和远场支付的功能，但须有其他设备来辅助，如手机和电脑。人们在适用银行卡进行非现金支付时，系统一般都会发短信让持卡人认证，这时移动支付可以及时认证，并且可以语音通话。随着移动支付和移动终端的逐渐普及，移动支付将与银行卡、网上银行等电子支付方式进一步整合，移动支付与银行卡和网上银行的区别将会逐渐缩小。

关于电子货币，虽然人们对电子货币有不同定义，但一般来说电子货币具有如下特点：一是以虚拟账户代表货币价值；二是储存于电子装置，通常是电子货币发行机构的服务器，但有时也存于客户的卡或晶片上；三是电子货币有通用目的，是发行机构及其密切的商业伙伴以外的实体可接受的支付手段。已有对电子货币的定义，更多地强调电子货币是事先储值，是一种预付支付机制，目前，尤其是在非洲等不发达地区，电子货币被广泛用做交易手段和价值储值。虽然现在很多电子货币是基于银行卡，与中央银行的通货相对应的，但也有一些电子货币是基于非银行卡的，如肯尼亚的M-Pesa，它是由移动运营商发行的，是基于移动运营商的虚拟账户，这里的虚拟账户其实已经具有银行卡的功能了，M-Pesa已经成为肯尼亚主要的价值储藏和交易手段。通过以上的分析，我们根据电子货币是否与传统商业银行有关，可将电子货币分为两类：第一类是基于银行卡的电子货币，发行者是商业银行，如存款和数字支票；或者是需要银行存款和现金与电子货币之间进行转换，如电话卡、饭卡、数字现金等，靳超、冷燕华（2004）又把这种类型的电子货币称为电子化货币；第二类是基于虚拟账户的电子货币，如M-Pesa，某些网络货币等，这种类型的电子货币已经脱离了原有的货币供给体系，对货币理论与实践会产生重大影响，但帅青红（2007）认为，网络货币不能与现实中的货币进行互兑，因此就不能对货币政策造成影响，孙宝文、王智慧、赵胤钘（2008）也持相同的观点。根据我们的划分标准，网络货币不仅是电子货币，还具有其他一些功能，如网络货币可以为互联网金融[1]的信息处理提供激励

---

1 有关互联网金融模式的相关内容，可参见谢平、邹传伟和刘海二.互联网金融模式研究 [J].新金融评论，2012（1）。

机制，使人们充分共享信息，这分为两个步骤来实现：一是给予注册用户一定数额的免费网络货币，用于查看社交网络内其他成员的信息。免费网络货币用完之后，需要通过发布有用信息来赚取网络货币，方能查看他人的信息，当然也鼓励人们免费发布信息，二是拥有网络货币和为他人提供信息越多的人，其获取信息的权限也就越大。通过以上两个步骤，网络货币为互联网金融模式下人们互相传递信息提供了激励机制。

关于电子货币的性质与发行，广义上的电子货币就是货币的一种形态，其突出的表现形式就是移动支付。电子货币可以是银行发行，也可以是移动运营商发行，也可能是除此之外的其他商家发行，但这可能会导致电子货币的发行主体过多，发行标准不统一，限制了电子货币的使用范围。市场选择的结果可能是移动运营商这种大型机构来发行，因为移动运营商已经拥有规模庞大的客户群体，本身就有网络规模经济效应，同时移动运营商与金融具有天然的联系，有可能反客为主，主导未来金融业的发展。总之，这种由社会约定的货币形式（电子货币）和支付方式（移动支付）如果要逐渐上升为法律规定的货币形式和支付方式，其前提条件是使用范围逐渐扩大（即具有网络规模效应），在社会经济中的作用不可替代时，倒逼法律规定其为货币的一种形态和支付方式。

移动支付、电子货币与网络规模效应

由于移动支付是以电子货币为基础的，移动支付是电子货币形态的表现形式，移动支付大规模使用的同时也带来了电子货币的规模效应。因此，本文后面的行文中均使用移动支付的网络规模效应来代替电子货币与移动支付二者的网络规模效应。移动支付的网络规模效应类似蛋生鸡和鸡生蛋的问题，在初期，由于移动支付没有足够多的使用者，供给者不愿意提供，同时消费者也不愿意使用。要打破移动支付蛋生鸡和鸡生蛋的困境，需要各参与主体采取切实有效的措施，如大力宣传移动终端的优势和移动支付的前景，进而推广移动支付。在初期，政府可以给予参与者某种意义上的补贴，也可以由政府来推动移动支付相关基础设施的建设，同时供给者也需要采取各种优惠措施，以此来激励消费者参与到移动支付中来。

移动支付具有网络外部性，并且是正的外部性，是消费者的外部性，即消费者从消费某种商品（如移动支付）中得到的效用，依赖其他消费者对该种商品消费的数量。移动支付网络规模效应的核心是基础用户群的确立，根据经济学理性人的假设，消费者使用移动支付这种支付手段，其前提是从移动支付中得到的收益大于其成本，要使这一前提成立，移动支付的使用人数就必须达到足够大的规模，才有可能使得消费者的收益大于成本。而要使移动支付的使用人数达到足够大的规模，消费者的预期就非常重要，消费者预期未来会有很多人使用移动支付，那么移动支付的使用人数才有可能达到一定规模。

理解移动支付网络规模效应的关键在于消费者对移动支付基础用户群的预期，当人们预期移动支付基础用户群很大时，即移动支付前景一片光明时，人们越愿意参与到移动支付中来，同时人们现在也愿意为之付更高的价格，因为当移动支付使用人数足够大时，其成本就变得非常低，价格也就低了，甚至为零。为了使人们预期未来移动支付的基础用户群会很大，这需要供给者和政府的共同努力，如由政府来推动移动支付相关基础设施的建设和移动支付相关法律法规的制定，给出一个正面的信号，使人们相信移动支付的前景，同时供给者在初期可以给予消费者更多的优惠，以及更便利的体验，使消费者切身感受到移动支付的好处。

移动支付、电子货币与货币供给

移动支付的快速发展，同与之相伴随的电子货币的供给，在某种程度上改变了中央银行和商业银行构成的货币供给体系，这将对货币供给产生一定的影响。国内外学者对这一问题进行了一定程度的研究，一部分学者认为电子货币会影响到基础货币与货币流通速度，进而对货币供给产生影响（Friedman，2000；谢平、尹龙，2001；陈雨露、边卫红，2002；周光友，2007）。也有学者认为电子货币替代现金对基础货币的影响是中性的，对货币供给的影响甚微（Goodhart，2000；王倩、黄蕊，2010）。学者们从不同视角研究了电子货币对货币供给的影响，虽然他们对电子货币对货币供给影响的大小存在争议，但都认为电子货币对货币供给有一定影响，遗憾的是学者们没有注意到移动支付的快速发展所引起的电子货币网络规模效应，从而给货币供给造成的影响。

电子货币，辅之以移动支付，会影响基础货币与货币乘数，从而影响货币供给。由移动运营商主导的移动支付，还会涉及到私有货币的问题，本文主要研究电子货币对基础货币与货币乘数的影响。根据我国货币层次的划分，狭义的货币供给（以下简称货币供给）$M = C + D$。如果考虑到电子货币，货币供给 $M = C + D + EM$，相应的基础货币 $H = R + C + E$，其中 $R = r_D D + r_{EM} EM$。本文借助 Aleksander Berentsen 的分析方法来研究电子货币对货币供给的影响。

如果货币供给 M 不包括电子货币，有 $\dfrac{dM}{dC} = -\dfrac{1 - r_D - r_{EM}}{r_D}$。因为 $dM = dC + dD$，库存现金变动 VC，要么是增加存款 D，要么使得电子货币 EM 增加，要么使得额外储备 E 增加，因此有 $dVC = r_D dD + r_{EM} dEM + dE$。此外，$dVC = -dC$，假设 $dE = 0$，$dC = -dEM$，所以有 $dD = -\dfrac{1 - r_{EM}}{r_D} dC$，又 $dM = dC + dD$，因此有 $dM = -\dfrac{1 - r_D - r_{EM}}{r_D} dC$。如果货币供给 M 包括电子货币，有 $\dfrac{dM}{dC} = -\dfrac{1 - r_{EM}}{r_D}$，$dM = dC + dD + dEM$，库存现金变动 VC，要么是增加存款 D，要么使得电子货币 EM 增加，要么使得额外储备 E 增加，因此有 $dVC = r_D dD + r_{EM} dEM + dE$，又 $dVC = -dC$，假设 $dE = 0$，$dC = -dEM$，所以有 $dD = -\dfrac{1 - r_{EM}}{r_D} dC$，又 $dM = dC + dD + dEM$，因此有 $dM = -\dfrac{1 - r_{EM}}{r_D} dC$。

表1、 货币供给与电子货币的关系

货币供给		$r_{EM} = 0$	$r_{EM} = r_D$	$r_{EM} = 1$
$M = C + D$	$\dfrac{dM}{dC} = -\dfrac{1 - r_D - r_{EM}}{r_D}$	$\dfrac{dM}{dC} = -\dfrac{1 - r_D}{r_D}$	$\dfrac{dM}{dC} = -\dfrac{1 - 2r_D}{r_D}$	$\dfrac{dM}{dC} = 1$
$M = C + D + EM$	$\dfrac{dM}{dC} = -\dfrac{1 - r_{EM}}{r_D}$	$\dfrac{dM}{dC} = -\dfrac{1}{r_D}$	$\dfrac{dM}{dC} = -\dfrac{1 - r_D}{r_D}$	$\dfrac{dM}{dC} = 0$

从表1我们可以发现，现金变动对货币供给的影响，依赖于电

子货币准备金率和活期存款准备金率的对比，电子货币准备金率的大小尤为重要。货币供给不包括电子货币，有 $\dfrac{dM}{dC} = -\dfrac{1-r_D-r_{EM}}{r_D}$，如果 $r_{EM} > 1-r_D$，那么中央银行现金向电子货币转化，则会增加货币的供给。如果 $r_{EM} = 1-r_D$，那么中央银行现金向电子货币转化对货币供给的影响就是中性的。如果 $r_{EM} > 1-r_D$，那么中央银行现金向电子货币转化，则会减少货币的供给。货币供给如果包括电子货币，有 $\dfrac{dM}{dC} = -\dfrac{1-r_{EM}}{r_D}$，我们也会发现相似的情况，中央银行现金向电子货币转化，如果发行电子货币所要求的储备金变动越大，对货币供给的影响也就越大。

在非洲国家，M-Pesa 和 Wizzt 由非银行机构主导，只是部分提现业务在银行的分支机构完成，而 Globe 和 Celpay 完全由非银行机构发起和主导，游离于现有的监管体系之外，考虑到金融包容的需要，这些国家对电子货币的监管给予一定的容忍度，没有特别的监管，只是要求 M-Pesa 把发行电子货币的资金存放在银行，而 Globe 和 Celpay 则对资金是否存放在银行没有要求。非洲国家移动支付（手机银行）推出之初主要是为了解决穷人的基本金融服务问题，如转账支付等金融服务，因此，没有对移动支付所带来的电子货币的发行给予更多的监管。但由于移动支付的交易成本较低，减少了人们对现金货币的需求，日常交易更多地通过电子货币进行，人们一旦使用移动支付，就离不开移动支付了，这犹如人们对电脑的使用，这会使得移动支付的使用范围越来越大，具有一定的社会性，需要给予一定的监管。非银行机构可以自主发行电子货币，现实中发行主体主要是移动运营商，由于其发行不受过多的监管，发行电子货币的储备更多地依靠企业自主决定，也即企业考虑到自己的声誉，发行电子货币时，企业可能会事先把一定量的货币作为储备。但这只是软约束，中央银行与利润最大化的企业并存发行货币，特别是不受监管的企业发行电子货币，出于其利润最大化的冲动，可能把发行电子货币的储备降到最低，抑或是根本就没有储备，这对货币供给的冲击将是巨大的。因此，这需要我们监管机构加强金融监管，重点是对消费者的保护。

移动支付、电子货币与货币需求

传统货币需求理论一般都假定货币流通速度相对稳定，如货币数量论假定货币流通速度是固定不变的，弗里德曼也强调货币需求是相对稳定的。随着货币在经济中的演化，特别是电子交易及电子货币日趋重要，提高了货币流通速度和减少了对不支付利息的现金的需求（Jon Steinsson, 2005）。传统货币数量论研究货币数量和商品价格的关系，并认为在充分就业的状态下货币需求主要与收入相关。凯恩斯货币需求理论假定资产的形式是货币和债券，货币特指现金，提出交易动机、预防动机和投机动机来分析货币需求。随后托宾、惠伦和鲍莫尔等人分别发展了凯恩斯上述三类动机，而弗里德曼的货币需求理论认为货币需求与收入和利率相关。通过分析我们发现，以上的货币需求理论很少从交易成本这一角度来研究货币需求，虽然上述货币需求理论提到了交易成本，但更多地是指转化为现金的交易成本以及持有现金的机会成本，没有研究支付方式本身与交易成本的关系，更没有研究移动支付和电子货币的广泛使用带给货币需求的影响。

随着金融创新和技术进步，其他收益率较高的资产很容易转化为可以作为支付手段的货币，这种现象在电子货币时代尤其明显。这种低转换成本降低了人们对不付息电子货币的需求，不仅仅是对不付息现金的需求，同时电子货币以移动支付表现出来，使得人们可以真正做到无论何时、何地和以任何方式获得金融服务，当然也包括将其他收益率高的资产转化为电子货币，用于交易。人们将电子货币存放在享有利息收入的银行账户/虚拟账户中，只有在交易发生时才会通过简单的电脑/手机操作（当然这一过程完全可能是自动完成）将所需数额的资金从相应账户中兑换成电子货币，然后经由网络传送给对方即可完成交易。总之，电子货币与移动支付的产生，将减少人们对货币的需求，同时会加快货币流通速度，这会影响到货币供给与货币控制。

不同的交易成本对应着不同的现金货币需求，交易成本越低，现金货币的需求也就越少，反之则反。当交易成本 $s_t \rightarrow 0$，这时的现金货币需求也趋于0，其中蕴含的意义丰富，最直观的含义是移动支付可能会完全替代现金，这是因为移动支付和电子货币能够大幅降低交易成本。当使用人数达到一定规模时，交易成本低就能降到一个极小的值，到那时移动支付完全有可能替代现金，成为主要的支付方式，即使有极少数的现金交易，也不影响此系统的运转。

移动支付、电子货币与货币控制

电子货币的广泛使用，使得价格易受到冲击，中央银行相机决策政策就不能够维持价格的稳定了（周金黄，2007）。关于电子货币对货币控制的影响，国际清算银行（BIS）发表了一系列文章对此进行了阐述，早在1996年BIS就提到电子货币会对货币政策造成影响。BIS（2001）认为电子货币可能会影响到中央银行的货币政策，如影响央行控制的利率和主要市场利率之间的联系。BIS（2004）一项调查显示，虽然在一段时间内预计电子货币不会对货币政策产生重大影响，但调查中的中央银行都开始密切关注电子货币的发展。BIS（2012）认为由非银行机构发行的电子货币，对中央银行的货币控制有一定影响，如影响短期利率水平，但是中央银行可以运用多种方式来保持电子货币与央行货币的紧密联系，从而控制短期利率水平。在国内，一些学者也对这一问题进行了较为深入的研究，谢平、尹龙（2001）从货币政策的中介目标、货币政策工具以及货币政策的独立性等方面，研究了电子货币对货币控制的影响。而周光友从电子货币对货币乘数、与较强流动性货币的替代效应以及对商业银行存款派生能力等方面，研究了电子货币对货币控制的影响（周光友，2007；2010）。不管是国内学者，还是国外学者，虽然对电子货币对货币控制影响的大小有争议，但他们都认为电子货币会对货币控制造成影响，影响到货币政策的有效性，也就是说电子货币对货币控制有影响这一点毋庸置疑。

电子货币的出现，同时以移动支付的形式展现出来，改变了货币需求的形式。此外，电子货币的私人供给，虽然在现阶段不会结束中央银行统一发行信用货币的基础制度，但货币供给主体的多元化和货币需求形式的改变，对中央银行货币控制构成挑战是必然的。电子货币以移动支付表现出来，一个最大的优点是终端的普及和较低的交易成本，由于移动支付与移动运营商紧密相连，这使得移动运营商发行电子货币具有得天独厚的优势，移动运营商有可能反客为主，来主导未来金融发展的格局，这种情况已经在非洲国家出现了。移动运营商通过向客户提供虚拟账户，如果通过这种方式无限制地发行电子货币，将彻底颠覆由中央银行和商业银行构成的货币供给体系。

移动支付及电子货币的出现，还淡化了货币各层次之间的界限，降低了人们对现金等货币的需求，客户利用移动终端发送指令，可以快速地实现流动性差的货币与流动性强的货币之间的相互转换，这使得不同层次的货币差别正在日益缩小，模糊了货币界限。当消费者使用移动支付方式进行消费时，已很难分辨这时的货币是活期存款，还是储蓄存款，还是现金。更有甚者，一些非银行机构也在发行电子货币，并且与银行几乎可以不发生任何关系，如移动运营商使用虚拟账户发行电子货币，这种电子货币甚至不在原来的货币统计范围之内。这些使得货币控制的难度增加。总之，移动支付及其电子货币增强了货币乘数的内生性，并对现金具有很强的替代性，在未来，移动支付可能会成为主要的支付方式，这会从多种渠道影响到货币控制，因此，中央银行难以通过存款准备金政策、公开市场操作和再贴现政策来影响货币乘数，进而影响商业银行的存款货币创造能力，最终影响到中央银行的货币控制。我们知道，货币政策的传导机制大致有三个方面，一是信贷渠道，二是利率渠道，三是资产价格渠道。电子货币和移动支付的普及，传统银行之外的机构也能创造货币，中央银行之外的机构也能提供基础货币，这使得货币政策传导的信贷渠道受到挑战。众所周知，要使货币政策的信贷渠道发挥作用，银行在其中起到了关键作用，如果传统银行不再那么重要，那么货币政策的信贷传导也就不够通畅，货币政策也就大打折扣。货币政策的利率渠道依赖于货币供给的变化对利率的影响，如果中央银行之外的机构也能发行自己的货币，中央银行的货币政策对利率的影响也就减弱，进而对投资等实体经济的影响也就弱了，货币政策的利率渠道也就受到影响。最后是货币政策的资产价格渠道，该传导渠道的关键在于货币政策对股票市场的影响。根据托宾的 q 理论，货币政策通过影响股票市场，从而影响到投资的成本，进而影响实体经济，但是如果中央银行之外的机构也能发行货币，那么货币政策对股票市场的影响也就有限，货币政策目标的实现也就更加困难。总之电子货币与移动支付会分别影响到上述三种传导渠道，进而影响货币政策目标的实现，增加货币控制的难度，降低货币政策的有效性。

　　电子货币对货币政策的影响依赖于电子货币是否可以借款和贷款，理想的货币政策是保持基础货币的稳定，同时又不计利息。通过前面的分析，我们知道电子货币的普及肯定会增加货币政策控制的难度，但并不是说中央银行对货币政策就完全失去了控制力，中央银行会发明新的政策工具来控制货币政策，实现其政策目标。一般来说，金融监管都滞后于金融创新。同样中央银行新的货币政策工具也会滞后于金融创新。电子货币普及后，改变了人们对货币需求的形式，中央银行相应的货币层次划分也需要相应地做出调整，原有的货币政策工具不一定有效，中央银行需要寻找新的政策工具来影响中间目标，进而实现最终目标，新的政策工具需要在实践中不断总结和试错，直至到最后的确定，这些都需要时间。因此在短期内，中央银行的货币控制难度及其效果和预期目标间肯定存在一定差距，而在长期，中央银行会努力解决，但存在的困难也是在所难免的。此外，我们还认为即使中央银行找到了连接货币政策目标的新型货币政策工具，电子货币同样会增加货币控制的难度和复杂程度。而在短期，如果中央银行还是运用原来那一套货币政策工具来实现货币政策目标，结果肯定会大大折扣，因为在电子货币和移动支付的时代，货币供求和社会环境已经发生了变化，原有的货币政策工具不能适用新的环境，也不匹配新的环境，因此，其政策目标的实现也就不能达到预期的效果。

Poole（1970）研究认为金融创新降低了货币需求的利率弹性，货币冲击起主导作用，以利率为目标比以货币供应量为目标更能稳定名义收入。移动支付和电子货币也是一种金融创新，它们同样也强化了货币冲击的主导作用，增加了货币控制的难度，降低了货币政策的有效性。

参考文献

[01] 陈雨露和边卫红，2002，《电子货币发展与中央银行面临的风险分析》，《国际金融研究》第1期53-58页。

[02] 靳超和冷燕华，2004，《电子化货币、电子货币与货币供给》，《上海金融》第9期13-19页。

[03] 帅青红，2007，《Q 币、U 币、POPO 币与电子货币》，《电子商务》第1

期45-50页。

[04] 帅青红，2011，《电子支付与结算》，东北财经大学出版社2011年9月第1版。

[05] 孙宝文、王智慧和赵胤钘，2009，《虚拟货币的运行机理与性质研究》，《中央财经大学学报》第10期52-59页。

[06] 韦森，2004，《货币、货币哲学与货币数量论》，《中国社会科学》第4期61-67页。

[07] 王倩和黄蕊，2010，《电子货币对中央银行负债的冲击》，《当代经济研究》第5期47-51页。

[08] 谢平和尹龙，2001，《网络经济下的金融理论与金融治理》，《经济研究》第4期24-31页。

[09] 谢平、邹传伟和刘海二，2012，《互联网金融模式研究》，《新金融评论》第1期3-52页。

[10] 周光友，2007，《电子货币发展对货币乘数影响的实证研究》，《数量经济技9术经济研究》第5期98-107页。

[11] 周光友，2010，《电子货币对货币流动性影响的实证研究》，《财贸经济》第7期13-18页。

[12] 周金黄，2007，《现代支付体系发展与货币政策机制调整》，《金融研究》第1期154-162页。

[13] Aleksander Berentsen, 1997, "Monetary Policy Implications of Digital Money", Working paper.

[14] BIS, 1996, "Security of Digital Money, Bank of International Settlements", Working paper.

[15] BIS, 1996, "Implications for Central Banks of the Development of Digital

Money", Bank of International Settlements, Working paper.

[16] BIS, 2001, "Survey of Electronic Money Developments", Working paper.

[17] BIS, 2004, "Survey of Developments in Electronic Money and Internet and Mobile Payments", Working paper.

[18] BIS, 2012, "Innovations in Retail Payments", Working paper.

[19] Friedman, B.M., 2000, "Decoupling at the margin: the threat to monetary policy from the electronic revolution in banking", International Finance 3, pp. 261-272.

[20] Goodhart, C., 2000, "Can Central Banking Survive the IT Revolution?", International Finance, Vol. 3, No. 2., pp. 189-209.

[21] Jón Steinsson, 2005, "The Implementation of Monetary Policy in an Era of Electronic Payment Systems", Working paper.

[22] Nicholas Economides and Charles Himmelberg, 1994, "Critical Mass and Network Evolution in Telecommunications", Working paper.

[21] Poole, W., 1970, "Optimal Choice of Monetary Policy Instruments in a Simple Stochastic Macro Model", Quarterly Journal of Economics, 84, 2.,pp.197-216.

第七讲 P2P 网络借贷

P2P 网络借贷存在的理论基础

P2P 网络借贷这一经营模式和组织业态出现时间并不长，普遍认为2005年成立的 ZOPA 是最早意义上的 P2P 网络借贷，按此计算，P2P 网络借贷自产生发展至今也不过十多年时间。但不可否认的是，P2P 网络借贷这一经营业态从诞生之日起便具备了顽强的生命力，行业发展速度惊人，尤其是在中国。关于 P2P 为什么能够产生并快速发展，业界和学术界给出了多种解释，但很少从金融学理论出发进行严谨说明。要解释这个问题，可能要回归 P2P 网络借贷行业的本质进行讨论。

P2P 网络借贷本质是一种基于网络线上的借贷行为或组织安排，并没有改变资金借贷的事实，本质上是一种金融安排。从目前国内外 P2P 网络借贷的经营模式看，P2P 网络借贷平台可分为两种类型或经营模式：一种是具有金融中介之实的线上信用中介，如从事资金池运营的网络借贷平台或严格意义的网络银行；另外一种是只提供线上撮合交易的纯信息中介，如国外多数 P2P 平台或国内十部委联合发文定位的 P2P 平台。下面我们分别就其合理性进行说明。

第一种线上信用中介很好理解，它只是线下金融中介的线上化，其理论基础与传统金融中介相同。根据 Diamond-Dybvig 模型对传统金融中介的功能描述，金融中介的出现，对于存款人市场和借款人市场均有帕累托改进。在银行发行活期存款业务方面，通过构建2期的单一商品跨期消费决策模型，论证了银行等金融中介的存在，能够通过募集更多的活期存款，在存款人之间形成具有效率的风险分担，避免单个存款人由于发生不可预见的流动性危机导致其财产清算的损失，从而更有效地平滑跨期消费。在银行发放贷款业务方面，通过建立受托监督（Delegated Monitoring）模型，解决了在存款人较多而借款人较少的情况下可能发生的重复监管和搭便车，最终使监管难以执行的问题。在引入银行等金融中介后，存款人委托银行进行贷款监管，社会总监管成本可能因为监管次数的减少而得到节约。另外，银行通过分散化策略发放贷款可以降低信贷资产组合风险，从而存款人无需对银行进行监管。[1]从事信用中介的 P2P 网络借贷平台或网上银行本质上还是银行金融中介（无论对照某国法律或监管要求其合规与否），其存在的最主要原因是互联网及互联网技术的发展和普及使得金融中介经营成本更低，因此 P2P 网络借贷平台或机构具有天然动力进行技术改进和革新。

对于第二种纯信息中介，沿着 Diamond-Dybvig 模型的思路，其同样可以对存款人市场和借款人市场进行帕累托改进。在银行发行活期存款业务方面，虽然信息中介无法吸收存款以形成对流动性

---

1 Diamond, D, W.(1984),"Financial intermediation and delegated monitoring", Review of Economic Studies 51(3):393−414

风险的分担机制，但可以设置其他机制实现相同目的，如平台内设立供存款标的流转的二级市场（这一做法在实际操作中被广泛应用），或是成立发起区域性的非标资产交易中心，实现更大范围内、跨平台的存款标的流转与交易，更大程度上平滑跨期消费。

在银行发放贷款业务方面，分散化投资策略容易实现，平台可通过自动的条件筛选，轻松实现存款人与借款人之间、借款人之间关联性最小。同样，搭便车行为通过技术手段也可进行规避，平台只需对于应属于不同曝光程度的信息进行筛选并按此操作即可。对于借款项目风险的有效识别和重复监管问题，我们可将其抽象成为一个专业化服务模块，鉴于该服务是稀缺的和具有成本的，其提供方可以进行收费。实际上，银行等传统金融机构的利润来源中的很大一部分即来源于专业化的风险识别能力和贷后管理能力，往往由其信贷营销部门和信贷管理部门提供，内部利润计价也还原至这些部门。从这一角度讲，提供该服务的部门完全可以功能模块化而单独分离出来进行市场化运作。而现实中确实有P2P平台如此操作，但一般的操作是将其内化为平台中的某个职能板块以获得该部分的可观利润，不管平台是否将费用强加给投资人和借款人，或是提供可选择的有偿服务。为解决这一问题，国内从业平台甚至尝试引入其他方式，如引入第三方公司对借款项目或借款人进行担保，但该方法只是将风险转移，并未从根本上解决信息不对称问题，同时徒增成本，从而削弱了互联网带来的成本优势，效果并不理想。因此，国内行业对于完善金融服务基础设施的呼声越来越高，如优化信用环境、立法增加违约成本、建立健全信用信息公开交易机制等。

总之，相比较传统借贷模式，无论是作为信用中介还是信息中介的 P2P 网络借贷，均可实现银行等传统机构的金融中介功能，从而具备存在和出生的现实基础。除此之外，由于其先天具备的网络化、虚拟化、数字化基因，可帮助经营实体有效压缩成本，更好实现资源的跨期、跨区域配置，同时伴随互联网技术的快速发展，有可能在信息不对称等困扰行业发展核心问题方面取得突破，从而促进行业质的变化和发展。

P2P 网络借贷的功能不可替代

P2P 网络借贷在信贷市场中具有不可替代的作用，是人类历史上和传统金融市场中未曾有过的。在现有的技术框架下，P2P 网络借贷理论上可以逐步替代银行存贷款，但是还没有其他事物能替代 P2P 网络借贷。

P2P 网络借贷的优势主要体现在交易成本的降低上，P2P 网络借贷市场是一个自组织的自由市场，参与 P2P 网络借贷的用户行为就是提供充分信息而完成自由借贷。信息正是借贷的核心，P2P 网络借贷的这种信息优势使得借贷成本大大降低，而重复博弈和实名信誉机制是其保障。

在个人和小微企业信贷市场中，资金供给和需求都很分散，面临匹配难题和交易成本约束，这是一个全球性的难题。尽管大银行和正规金融机构在这方面做了很多尝试，但都没有取得根本性突破。这方面的根本原因是，个人和小微企业的很多信息属于软信息的范畴，比如一些难以量化的、仅在本地才可获得的信息。大银行和正规金融机构，要么在本地没有"触角"，难以收集软信息；要么受制于层级管理结构，本地分支掌握软信息但不具备信贷决策权，只能将软信息报送给有信贷决策权的上级，但这个过程伴随着信息失真以及信贷配置效率的降低。因此，在很多地方，民间金融在个人和小微企业信贷市场中扮演着重要角色。民间金融扎根地方，有助于收集软信息，而且内部决策层级简单，不像大银行和正规金融机构那样受制于委托代理问题。但民间金融不规范、不透明，而且规模扩大后参与者之间熟悉程度下降，一些在规模小时行之有效的风险控制机制会逐渐失效，从而容易造成风险事件。

理解 P2P 网络借贷的关键是把互联网本身看成一个能够促成储蓄存款人和借款人之间匹配的金融市场。互联网不仅是一个技术意义上的平台或者工具，而是一个由众多 APP 组成的生态系统，储蓄存款人和借款人在互联网上通过 APP 来解决金额、期限、风险收益上的匹配，每一个储蓄存款人可以同时向多个借款人发放贷款，每一个借款人也可以同时从多个储蓄存款人那里获得资金。这是分散原理的重要体现，既有助于控制风险，也能集众人之力，汇聚资金。

P2P 网络借贷可以突破交易成本的约束。在与互联网有关的领域中，普遍存在固定成本很高、但边际成本递减的规律，边际成本甚至能趋向于零，P2P 网络借贷也不例外。P2P 平台有高速的寻找机制。比如，在 P2P 平台上，储蓄存款人可以通过 APP、搜索引擎和大数据，在全国10多亿人中搜寻需要贷款的人，这个人也许在贵州的某个角落，也许有农业上的需要。P2P 平台能在很短时间内找到最符合储蓄存款人的风险收益偏好的借款人，并促成他们之间的匹配，而且相关交易成本非常低。相比而言，在线下，储蓄存款人即使在他所在的社区寻找合适的借款人，也要付出很大的搜寻成本，并且只有双方相互信任才有可能发生借贷交易。至于线下的跨区域的陌生人之间的借贷，交易成本更高。这说明，通过互联网技术，P2P 网络借贷可以快速解决个人小额贷款和跨区域贷款问题，可能成为信贷资源配置效率最高的市场。这就是 P2P 网络借贷的不可替代性。

随着互联网技术的发展，P2P 网络借贷会做得越来越大，对全国信贷配置的作用会越来越强大。这里面的经济学逻辑是网络效应或网络外部性，也就是网络参与者从网络中可能获得的效用与网络规模存在明显的相关性[1]。这样，P2P 网络借贷只要能超越一定的"关键规模"（critical mass[2]），就能快速发展。特别是在征信基础比较好的地方（比如美国），P2P 网络借贷的生命力能够充分显现出来。

P2P 网络借贷的价值体现在哪些方面？

第一，P2P 网络借贷市场份额会趋向扩大。高华证券马宁在2014年11月14日的一份报告中预测，到2024年，中国 P2P 网络借贷余额将占剔除债券 / 股票之后的总社会融资存量的0.9%。

第二，P2P 网络借贷公司的估值会越来越高。美国 Lending

1　Michael L. Katz& Carl Shapiro 1985()"Network Externalities, Competition, and Compatibility"75(3):424-440

2　Nicholas Economides(1993)" Network Economics with Application to Finance" 75(4):5-6

Club 公司的最新估值已达50亿美元。在我国私募股权基金行业，P2P 网络借贷公司的估值不断创出新高。

第三，传统银行也开始加速发展 P2P 网络借贷业务，主要是为了应对金融脱媒的压力。银行有优良的借款客户群体，有很高的风险控制能力，通过 P2P 网络借贷，能为储蓄存款人提供高于存款的收益。这方面，招商银行走在了我国银行业的前列。

第四，P2P 网络借贷将来还会派生出其他有 P2P 特点的很多金融业务。其实现在已经开始了，比如类众筹业务，再比如非标资产在个人和个人之间的交易。我们在2014年的报告中就提出，P2P 网络借贷的一个发展趋势是"P"的扩大。P2P 网络借贷目前主要是自然人对自然人的借贷，将来可以拓展到个人对机构、机构对机构的借贷，理论上交易可能性边界无限。实际上，我国已经出现了大量 P2B（个人对企业）、P2G（个人对政府）网贷业务。当然，这里面的风险也不容忽视。

最近，P2P 网络借贷加速金融脱媒，推进利率市场化改革进程。金融脱媒是指资金供给方和需求方绕开银行等中介机构，直接开展筹融资交易，银行的净收入将逐步下降，回归到合理水平，美国20世纪60年代发生的金融脱媒主要是由于利率管制造成的，银行作为基础金融服务机构不应该是暴利机构。我国目前金融脱媒的趋势不可逆转，这是技术创新带来的交易成本下降的内在要求，P2P 网络借贷的信息优势和成本优势将冲击商业银行的借贷业务。著名互联网预测家凯文·凯利预测，传统银行将在二十年后消失，说明他认识到了互联网金融强大的市场力量。

P2P 网络借贷是最体现互联网精神的金融安排

金融危机后，全世界对金融的作用进行了深刻反思。总的看法是，金融应回归到为实体经济和大多数人服务的核心作用上。金融体系最终为实体经济服务以及提供为老百姓日常生活增加便利的基础金融产品最重要（包括存款、贷款、支付、汇兑、投资、保险和信用卡等），金融作为一项大众民生基础需求，应起到与水、电等类似的基础设施或公共产品作用。金融服务应有公平性和普惠性，每一个人都应该获得最低程度的金融服务，从而促进社会公平。比如，耶鲁大学的罗伯特·希勒就认为，金融的存在是为了帮助实现其他社会目标而存在的，金融应当促进社会公平，不应当是为了赚钱而赚钱。这种对金融的新认识与互联网精神——开放、共享、去中心化、平等、自由选择、普惠、民主——不谋而合。

P2P 网络借贷是最体现互联网精神的金融安排。从这个意义上讲，P2P 网络借贷在金融危机后的兴起，不仅仅有技术方面的原因，也反映了社会心理的变化。

从实体经济的金融需求出发，可以看出 P2P 网络借贷的内在逻辑。一方面，个人和小微企业在消费、投资和生产中，有内生的贷款需求，以实现平滑消费、启动投资项目、补充流动资金等目标。很多贷款需求是合理的，是金融民主化的内在需要，属于正当的合法权利（我们称为"贷款权"）。特别是，从无罪推定出发，不能假设借款人都是骗子。另一方面，个人通过投资使财富保值增值，并自担风险，也属于合法权利（我们称为"投资权"）。贷款权和投资权的匹配，实现了资金融通，盘活了闲置资金，使资金供需双方各取所需、各偿所愿，对社会福利有帕累托改进效应。

然而，现实中有很多合理合法的贷款权和投资权无法通过传统金融进行匹配。比如，银行和证券公司向来是"嫌贫爱富"的，寻找的是高端客户。现在常说的"两多两难"问题（民间资本多、投资难，中小企业多、融资难），就形象地反映了传统金融存在的匹配失灵情况。

而 P2P 网络借贷弥补了传统金融的不足，体现了金融的民主化和普惠化。在 P2P 网络借贷中，很多借款人尽管具有偿债能力，但或者因为风险高于银行贷款利率能覆盖的水平，或者因为无法提供银行所需的抵押品，或者因为借款"短、小、频、急"使银行面临规模不经济问题，很难从银行获得贷款。另一方面，很多投资人希望通过 P2P 平台放贷，在承担一定风险的前提下，获得高于存款的收益，这是他们的民主权利。在某种程度上说，P2P 网络借贷推动了社会进步，尤其体现在解决跨地区的贷款问题方面。

当然，目前 P2P 网络借贷行业存在一些不容回避的问题，但是有两个内在机制保障了 P2P 网络借贷的持续健康发展：

第一，一些不守诚信的借款人在多个 P2P 平台之间恶意骗贷，提升了 P2P 网络借贷的风险溢价。但如果全国 P2P 平台实现联网，个人在不同平台之间"拆东墙补西墙"套利或诈骗的现象就会减少。目前暴露出的一些问题还是因为重复博弈不够，当重复博弈足够多，交易成本自然就下降。

第二，在大数据背景下，金融民主化、普惠化与数据积累之间有正向激励机制。一方面，P2P 网络借贷越发展，参与者越多，积累数据越多，P2P 网络借贷在金额匹配、期限匹配和风险定价上效率越高；另一方面，P2P 网络借贷的效率越高，积累的数据也会越来越多，就会有越来越多的人愿意参与。所以，要把这个市场放开，并且做好相关基础工作，使很多 IT 公司能够为 P2P 服务，这种正向激励会在互联网上自动形成。

中国 P2P 网络借贷存在的问题

我国 P2P 网络借贷发展的核心障碍是征信系统不健全、不开放。征信系统不发达直接制约了 P2P 网络借贷的信用评估、贷款定价和风险管理的效率。很多 P2P 平台开展线下的尽职调查，增加了交易成本，贷款利率也相应提高。但向 P2P 网络借贷行业开放人民银行的征信系统，需要很多条件，目前有一个跨部委的工作组在规划全国的社会征信信用体系。但总的趋势是，在大数据技术支持下，我国的征信系统会越来越健全，并与 P2P 网络借贷协调发展。

数据基础和外部监管都是 P2P 网络借贷健康发展的前提条件，两者之间是替代关系，并且数据基础更重要。数据基础不发达的时候，外部监管的变量参数就多一些；反之，数据基础越好，外部监管就越放松。为什么美国对 P2P 网络借贷的监管相对放松？主要是因为数据基础好。假如我国的大数据技术和搜索引擎能够在任何时点找到每个人的违约概率，外部监管的条件也会变得宽松。从未来趋势看，互联网技术将越来越先进，数据基础越来越好，对 P2P 的健康发展也越来越有利。这样，放松监管将成为大势所趋。

但也需要指出，互联网业务模式与金融安全稳健之间存在内在冲突。互联网行业特有的网络效应、"先行者优势""赢家通吃"和边际成本递减等规律，要求 P2P 平台尽快扩张，争夺市场份额，并达到边界规模（critical mass）。在这种情况下，一些 P2P 平台出于内在的扩张动力，就采取本金担保、风险保障金、"专业放贷人 + 债权转让"、对接理财"资金池"等方法，但这样做容易触及监管红线。所以，中国的 P2P 网络借贷发展参差不齐，有些公司已经做大做强，但有大量的 P2P 平台还处在瓶颈区间，并且个别 P2P 平台存在浑水摸鱼的情况。

以上情况也是 P2P 网络借贷发展初期众多问题的主要原因。需要强调的是，P2P 网络借贷虽然可以降低交易成本、提高借贷效率，但是并未改变人性弱点，不能根除道德风险问题，甚至在网络非熟人借贷的环境下会鼓励道德风险问题更易高发，这是 P2P 网络借贷在大额贷款方面的劣势。P2P 网络借贷平台可以在短时间内吸收巨量资金，如果贷款者诈骗，而 P2P 网络借贷平台又采取了担保或者资金池的方式，必将导致一系列的跑路倒闭事件，大额借贷不易在 P2P 网络借贷的初期发展太快。

中国 P2P 网络借贷的监管

第一，建立 P2P 网络借贷平台准入门槛。比如最低资本要求、必要的经营条件等基本条件，接近注册制。同时，对股东、董监事和管理层要有基本的诚信和专业资质要求（但要坚持无罪推定）。

第二，信息公开。P2P 网络借贷监管的关键是信息监管，不是机构监管、流动性监管或资本充足率监管。P2P 网络借贷监管要以数据为基础，相关背景信息要公开，使得任何投资者都可以在网上查询到相关信息。

第三，规范 P2P 网络借贷的运营。P2P 平台定位于信息中介，不能直接参与借贷活动，不能承担信用风险或流动性风险。在征信不完善的情况下，为控制风险，要让投资者分散投资（在 P2P 网络借贷中，分散投资的交易成本不高），可以适当做强制性要求。对 P2P 网络借贷的在途资金和投资者的资金要进行第三方托管。P2P 平台及关联方不能通过自己的平台借款，以防止利益冲突。这一点对我国尤其重要，不能让 P2P 平台成为平台及其关联方的"提款机"。在最近一年的很多 P2P 平台"跑路"案例中，很多平台的所有者或管理者从一开始就没有长期经营的打算，他们自设平台，编造各种虚假项目，实际是自己融资，融到钱后卷款走人，给投资者造成了不少损失，形同融资诈骗。

最后，P2P 网络借贷的交易信息要完整备份，作为事后处罚的依据。

P2P 网络借贷监管的理念和方式与传统金融机构（业务）监管不完全相同，与信息监管有类似之处。P2P 平台相当于自媒体网站，相对而言比较容易监管；借款人诈骗相当于不良信息，监管难度要大一些。因此，对借款人诈骗不能采取"人海监管"，应引入技术手段。比如，在 P2P 网络借贷的后台，坚持实名制；要建立不良借款人的"黑名单"；利用大数据技术发掘不良借款人（类似证监会抓内幕交易）；举报不良借款人可获得奖励，建立正向激励机制；建立对 P2P 平台的评价体系。互联网技术既然能让贷款更方便，也应该能让监管更方便。

总的来说，P2P 网络借贷监管原则包括以下几个方面：一、重心是信息监管，类似直接融资（股票、债券）的充分信息披露原则；二、发挥现代信息技术特别是搜索引擎的作用，部分监管任务可以外包给 IT 公司，比如百度曾制定过 P2P 平台"白名单"；三、行为监管，比如通过一些软件抓取不良信息；四、事后处罚，不在事前做有罪推论。

如何评估 P2P 网络借贷是否服务实体经济？

目前我国 P2P 网络借贷鱼龙混杂，市场评价褒贬不一。特别是，监管当局、P2P 网络借贷从业人员和学术界站在各自立场上，各种观点莫衷一是，而且各说各话，没有特别有效的沟通平台。针对这种情况，我们提出一个评估 P2P 网络借贷是否服务实体经济的指标体系，目标是使用尽可能客观、可量化的指标，作为评价 P2P 网络借贷的"标尺"。

评价维度一：是否促进了资金融通？评价指标：P2P 平台促成的交易规模，但要扣除平台及关联方的"自融资"规模以及为活跃人气而进行的"资金空转"规模。

评价维度二：是否为投资者创造价值？评价指标：投资者的风险调整后收益（即已实现收益，而非预期收益），要扣除借款人违约和平台"跑路"造成的损失。

评价维度三：是否提高了贷款可获得性？评价指标：在 P2P 网络借贷的借款人中，有多大比例无法从正规金融机构获得贷款。

评价维度四：是否降低了融资成本？评价指标：对同一个借款

人，P2P网络借贷利率是否低于其边际贷款利率？理论上，P2P网络借贷没有物理网点，交易成本低，能返利于借款人。

评价维度五：是否有效控制了借款人的信用风险？评价指标：P2P网络借贷的不良贷款率。

附录：e租宝事件专题分析

一、丁氏家族和"钰诚系"

根据融360的报道，丁氏家族最早以开办家庭式小型工厂（岩柏施封锁厂），生产铁路铅封为主。2005年底，丁家成立了钰诚五金，法人代表为宋淑侠（丁宁之母），注册资本2000万元。2007年7月，钰诚五金、高俊俊（丁宁之妻）、丁延柏（丁宁之父）共同出资，成立了安徽滨湖机电新材料有限公司，丁延柏任法人，注册资本2000万元。2011年，丁甸（丁宁之弟）又成立了钰诚新材料科技有限公司，号称是国家高新技术企业，从事高效、环保、生物型等金属表面处理材料的研发和生产与销售，注册资本1000万元。钰诚五金、安徽滨湖机电新材料有限公司和钰诚新材料科技有限公司，是丁家早期设立的三家实业公司。

2012年丁氏家族开始涉足金融行业。2012年3月，由钰诚新材料公司（法人为丁甸）、格兰伍德进出口有限公司（法人为丁宁的堂弟丁未巍）、安徽钰诚投资发展股份有限公司（法人为丁宁）共同出资组建，成立安徽钰诚融资租赁有限公司（以下简称钰诚融资租赁），属中外合资企业，注册资本3000万美元。钰诚融资租赁公司自称是一家经营规模超过百亿的大型融资租赁公司，是安徽规模最大的中外合资融资租赁公司，也是全国规模最大的中外合资融资租赁公司之一。在本次e租宝事件中，名不副实的钰诚融资租赁是e租宝非法金融活动中的关键一环。

根据企业公开信息，钰诚融资租赁曾三次变更注册资本：2014年3月由3000万美元增至9900万美元；2014年4月由9900万美元增至2.99亿美元；2014年11月由2.99亿美元增至5.98亿美元。目前，实缴资本为2253.77万元人民币。

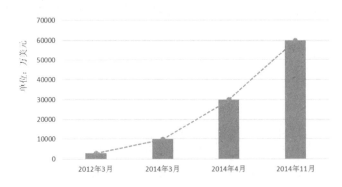

图1、钰诚融资租赁注册资本变化图

2013年3月15日，丁家正式成立安徽钰诚控股集团股份有限公司（以下简称钰诚集团），公司认缴注册资本为50亿元，实缴注册资本1000万元，法人代表高俊俊[1]。丁宁、丁甸、丁延柏、宋淑侠、高俊俊均为自然人股东。安徽钰诚控股集团股份有限公司宣称是以融资租赁主导的金融服务为核心，集高新技术制造业、现代服务业等

1　公司成立时注册资本1000万元，2015年4月24日变更注册资本为50亿元，同日，公司法定代表人由丁宁变更为高俊俊。

为一体的综合性集团。e租宝是钰诚控股集团股份有限公司于2014年7月成立的子公司，注册资本金1亿元，总部位于北京。平台主要提供以融资租赁债权交易为基础的互联网金融服务。钰诚集团对外投资公司注册信息如表1所示。根据统计，在企业信息公示系统里，仅钰诚集团发起设立的公司就多达15家，其中12家公司的成立时间是在e租宝上线之后。

除了钰诚集团下丁氏家族主要成员掌控的数家公司外，丁氏家族还控制着多家关联公司。对于e租宝而言，如果缺少融资租赁的项目，就无法发布新标的募集资金。钰诚集团大肆收购小企业后增资或者新设立皮包公司，这些皮包公司作为融资租赁项目资产端的借款人，在e租宝平台上发布虚假借款标的，筹集资金。

表1、钰诚集团子公司注册信息

序号	成立时间	公司名称	注册资本	法定代表人
1	2013年4月23日	安徽祥旺贸易有限公司	1000万	丁甸
2	2013年4月24日	安徽恒钰贸易有限公司	1000万	丁甸
3	2013年5月3日	安徽金钰投资管理有限公司	20000万	高俊俊
4	2014年7月23日	安徽钰诚云商电子商务有限公司	10000万	王之涣
5	2014年9月23日	北京钰诚云商资产管理有限公司	5000万	丁宁
6	2015年4月7日	北京钰诚企业管理有限公司	10000万	丁甸

7	2015年4月24日	北京金钰联合 商务咨询有限公司	20000万	高俊俊
8	2015年6月11日	北京钰信管理 咨询有限公司	1000万	张传彪
9	2015年7月13日	上海汉梵企业 管理有限公司	50000万	刘桂宏
10	2015年7月15日	金易融（上海）网络 科技有限公司	10000万	刘桂宏
11	2015年8月7日	北京钰诚雅典娜学苑教育 咨询有限公司	5000万	张敏
12	2015年9月2日	云南钰尚企业 管理有限公司	10000万	邓钰
13	2015年9月6日	钰诚博亚经济 贸易发展有限公司	9000万	谢洁
14	2015年9月7日	钰诚寰亚（北京） 文化传媒有限公司	1000万	谢洁
15	2015年10月15日	玖钰财富（北京） 投资管理有限公司	1000万	孙媛媛

二、e 租宝声称的运营模式

e 租宝平台宣传自己是"互联网金融＋融资租赁"，"融资与融物"相结合的典范，然而其实际经营模式，与宣传地经营模式大相径庭。

（一）e租宝所谓的A2P模式

e 租宝宣传自己采取全新的 A2P（Asset to Peer）的经营模式，具体流程如下图3-7所示

① 承租人向融资租赁公司提出服务申请。

② 融资租赁公司审核企业资质，审核通过后与承租人签订融资租赁合同。

③ 融资租赁公司向供货商购买设备直租给承租人或者以售后回租的形式购买承租人设备再租给承租人。

④ 在融资租赁公司获得融资租赁债权后将已有的融资租赁债权，向 e 租宝提出转让申请。

⑤ e 租宝对转让债权的风险进行审核，并设计出不同收益率的产品，在其网络借贷平台上发布项目信息进行销售。

⑥ 投资人通过 e 租宝对债权转让项目进行投资，融资租赁公司将债权转让给投资者，该笔项目即融资租赁债权转让过程即告完成。

⑦ 债权转让完成后，承租人通过 e 租宝平台向投资者定期还款，即承租人定期支付的租金。在租金支付完全后，承租人取得租赁设备的所有权。

⑧ 投资期满后，投资人收回本金和利息。

根据 e 租宝的宣传，在还款期间若发生违约，会有融资性担保公司[1]对债权转让项目中债权承担连带保证担保，全额保证投资人的本息安全；融资租赁公司对债权转让项目中债权承担连带担保责任；

---

1 e 租宝宣称为其提供担保的的融资担保公司为：五河县中小企业融资担保有限公司、固镇县中小企业融资担保有限公司以及龙子湖中小企业融资担保有限公司。

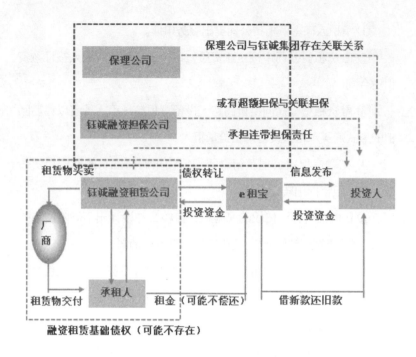

图2、e租宝宣传经营模式图

保理公司[1]承诺对债权转让项目中债权无条件赎回，提高资产流动性，使投资者可以自由赎回资金。

（二）e租宝主营产品分析

截止到2015年12月18日，北京警方介入到 e 租宝事件的调查，

---

1 保理公司为增益国际保理（天津）公司。e租宝声称由该公司为其提供保理业务，该公司注册资本15000万元，公司股东为安徽钰诚投资发展股份有限公司与高俊俊，法定代表人为高俊俊。增益国际保理（天津）公司实际受"钰诚系"控制。安徽钰诚投资发展股份有限公司是由丁氏家族控制的，丁宁持股39%，是第一大股东。

e租宝共计发放3240个投资标的，有89.54万个投资者共计313万次投资记录[1]。根据利率和期限的不同，投资产品主要分为：e租稳盈、e租财富、e租富享、e租富盈、e租年丰、e租年享。e租宝发售的产品起投金额为1元，门槛极低。

表2、e租宝投资项目

产品	期限	预期年化收益率	起投金额	赎回方式	回收方式	申请赎回
e租稳盈	活期	9.0%	1元	T+2	按月支付收益，到期归还本金	投资后可以随时申请赎回
e租财富	活期	13.0%	1元	T+10	按月支付收益，到期归还本金	投资满30天可申请赎回
e租富享	3个月	13.4%	1元	T+10	每三个月支付收益，到期归还本金	可提前申请赎回，提前赎回时收取2%手续费，利息照付
e租富盈	6个月	13.8%	1元	T+10	按月支付收益，到期归还本金	可提前申请赎回，提前赎回时收取2%手续费，利息照付
e租年丰	12个月	14.2%	1元	T+10	按月支付收益，到期归还本金	可提前申请赎回，提前赎回时收取2%手续费，利息照付

1　数据来源：根据零壹财经数据分析。

| e租年享 | 12个月 | 14.6% | 1元 | T+10 | 每三个月支付收益，到期归还本金 | 可提前申请赎回，提前赎回时收取2%手续费，利息照付 |

三、e租宝数据显示出的疑点

（一）借款金额过度集中

在借款标的的金额分布上，2015年6月以前，e租宝发布的借款标的平均金额差别明显，平均利率上下波动，但是步入2015年6月之后，如图3、图4所示，e租宝借款标的金额多分布在2500万元上下，平均利率稳定在12%左右，如此平均又集中的利率和金额分布，不符合一般经济规律，因此存在疑点。

图3、e租宝平均借款金额

图4、e租宝单笔借款期限和利率

（二）利率期限结构反转

经济理论中，一般情况下，借款的期限与利率应该成正比，即期限越长利率越高。以 e 租宝的借款项目数据进行加权平均得到按期限分类的平均借款利率，e 租宝借款项目的利率与期限分布却并不符合此规律，如图5所示，期限最长的借款标的的平均利率最低。如图6所示，平均而言，由于6个月期的借款利率最高，借款金额也最少，1年期的借款标的的利率最低，借款金额也最多。

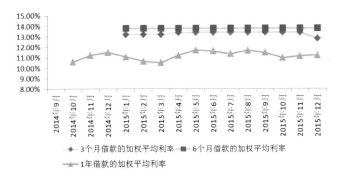

图5、借款标的的利率期限结构

图6、e 租宝新增借款期限

（三）流动性异常

根据前文中对于 e 租宝发行产品信息的介绍，可将六类产品按流动性高低进行划分，根据投资期限和赎回方式的不同主要分为四大类，具体的划分方式如表3所示。

将 e 租宝从上线到出事时间段内的借款标的按照流动性进行划分，整合月度数据后发现，如图7所示，2015年3月份之前，借款标的的流动性主要是以1型为主。2015年7月后，e 租宝开始进入快速发展阶段，期限短赎回方式灵活的产品纷纷上线。2015年10月，流动性为0型和1型的借款标的在近一个月的时间内翻了一倍，而0型和1型的投资标的期限较短，赎回方式灵活。并且接下来的三个月中，在借款总额增加的情况下，1型借款规模扩张，0型借款规模缩减，1型超过0型成为占比最大的借款流动性种类。

相比较于大部分不可以随时支取的理财产品而言，e 租宝产品的高流动性，确实很吸引投资者。尽管 e 租宝在产品推广时承诺可以随时支取，但是实际操作中，部分产品提前支取需要交纳2% 的手续费，而且提现操作并不便捷，加上 e 租宝的广告宣传不时为投资者注射"强心剂"，这也有效降低了投资者的提现率。尽管承诺了较高的流动性，但是较低的提现率，还可以在短期内让 e 租宝免于流动性危机。但是，随着需要偿还投资人的本息不断增多，资金入不敷出，资金链终将断裂。

表3 投资人收益返还方式

投资者收益返还方式	流动性类型
投资自主 赎回自由 按月返息	0
随投随取 安享收益 按月返息	0
按月付息，到期还本	1
投资期短 按月返息 到期返本	1
收益率高 按月返息 到期返本	1
收益率高 每三个月返息 到期返本	2
每三个月付息，到期返本	2
到期一次性还本还息	3

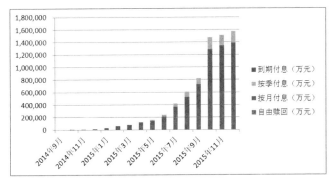

图7、借款标的的流动性

四、e租宝实为庞氏骗局

（一）虚构融资项目

尽管国家近年来大力扶持融资租赁行业发展，但是由于实体经济增速下滑，缺乏优质投资项目成为行业发展中的瓶颈。从融资租赁贷款规模增长来看，2015年前，金融机构一直是融资租赁贷款业务的最大资金来源，每月新增融资租赁贷款平稳增长。如图8所示，2015年后P2P网络借贷对接融资租赁业务模式兴起，2015年10月P2P融资租赁贷款单月增加额达到历史最高位，其中e租宝约占80%以上，P2P融资租赁贷款单月增加额超过金融机构融资租赁贷款单月增加额。在宏观经济基本面不利，e租宝贷款高速持续的增长能力引发多方质疑。2016年6月6日，融360网贷评级课题组就曾发布e租宝为C-级平台的风险提示，然而投资者并没有对此足够重视。

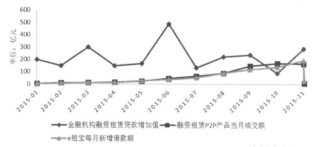

数据来源：Wind资讯

图8、融资租赁P2P贷款额与金融机构融资租赁贷款额月度增量对比

根据新华社的报道，丁宁也证实了e租宝虚构项目的事实。为了让e租宝有源源不断的新项目上线，丁宁曾经指使下属收购企业或者注册空壳公司。用融资金额的1.5%到2%购买企业信息填入准备好的合同，制成虚假项目在平台上发售。办案民警介绍在207家承租公司中，仅有1家公司与钰诚融资租赁公司发生了真实的业务。为了取得投资人的信任，e租宝还采取了更改企业注册资本等方式为融资企业包装，这也是许多在e租宝平台上融资的企业都有融资前，

注册资本变更的原因。根据零壹财经的数据显示，2015年10月份，共有309个借款公司曾经在e租宝上面发布了借款标的，而上述借款公司中94.5%的在借款之前发生过注册资本变更。变更前这些公司的注册资本平均为154万元，变更后达到2714万元。

　　e租宝虚构融资项目的典型案例是2015年6月9日发布一个的融资项目。融资项目的借款方为"深圳市隆金佳利科技有限公司"，借款金额为6300万元。根据企业的工商信息显示，公司成立于2014年11月17日，成立之初注册资本仅为50万元。2015年5月8日将注册资本变更为3000万元，然而根据工商部门的实地查证却并没有此公司的存在。

表4、深圳市隆金佳利科技有限公司注册信息变更

变更信息			
序号	变更事项	变更的内容	变更后内容	变更日期
1	指定联系人	姓名、电话、邮箱	姓名、电话、邮箱	2015年5月8日
2	审批项目	《建设项目环境影响审查批复》	《建设项目环境影响审查批复》	2015年5月8日
3	注册资本	人民币50000万元	人民币3000000万元	2015年5月8日
4	经营范围	机械设备、通讯产品、电子产品、数码产品、电脑配件、五金制品、日用百货、国内贸易，货物及技术进出口等	械设备、通讯产品、电子产品、数码产品、电脑配件、五金制品、日用百货、国内贸易，货物及技术进出口等	2015年5月8日

5	股东	方裕鑫50000万元 100.00%	方裕鑫30000000万元 100.00%	2015年5月8日
6	住所	深圳市龙华新区民治街道民治大道伟业大厦6楼602	深圳市龙岗区龙岗街道吓坑一路同乐浪背第六工业区112栋首层	2015年5月8日

e租宝上面发布的一些项目除了大规模的变更注册资本外，本身经营状况也存在重重疑点。如：承租人宁德市耀辉石材有限公司2013年的营业总收入为1.3万元，2014年未做公布。但是2014年在e租宝的宣传中，宁德市耀辉石材有限公司摇身一变成为年销售收入41816.12万元的"大户"。根据新华社的报道，安徽钰诚融资租赁有限公司风险控制部总监雍磊称："e租宝上95%的项目都是假的"。

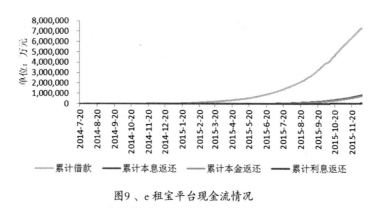

图9、e租宝平台现金流情况

e租宝除发布虚假借款标的外，还可能存在伪造投资者投资标的的情况。本文收集来自零壹财经记录的e租宝平台自2014年7月20日至2015年12月28日的借贷交易数据，使用现金流模型进行估测，分析结果如图9所示，在700亿元累计借款中，名义上已经偿还的累计借款本息约为50亿元，名义上仍有约650亿元的资金缺口。本文测算数据与新华社公布的实际吸收资金500亿元之间存在差额，原因可能在于：e租宝不仅伪造了借款项目，一部分投资人也是伪造的，e租宝"自融自投"，以此推高平台人气，诱导新投资人进入，从而使名义吸收存款金额高于实际吸收存款金额。

（二）虚假担保

e租宝为了让投资人消除投资资金安全的顾虑，设计多重担保机制，貌似是为投资者提供周密的资金安全保护，然而实际上承诺为e租宝提供融资租赁担保的三家担保公司[1]可能因涉嫌超额担保和关联担保，而无法履行担保义务。《融资性担保公司管理暂行办法》第二十八条规定："融资性担保公司的融资性担保责任余额不得超过其净资产的10倍"。三家担保公司的最高担保额度加总后不足五十亿元，这与e租宝七百多亿元的累计交易额相差甚远，三家担保公司已经超额担保。

五河县政府网站上也在2015年11月24日发布通知公告，为了划清与安徽钰诚融资租赁有限公司关联的原五河县中小企业融资担保有限公司的责任，五河县中小企业融资担保有限公司做出法人变更和公司业务责任划分。变更后，由安徽钰诚融资租赁公司经营的原

1　e租宝官网称五河县融资担保公司为其承保138980万，但该公司注册仅为13898万元。e租宝官网称固镇县融资担保公司为其承保150000万，但该公司注册仅为15000万元。e租宝官网称龙子湖融资担保公司为其承保150000万，但该公司注册仅为15000万元。

五河县中小企业融资担保公司的业务，仍由安徽钰诚融资租赁公司负责。这证明了五河县中小企业融资担保公司曾经与钰诚融资租赁有事实的关联关系。除此之外，龙子湖中小企业融资担保公司的法定代表人王兰兰也是钰诚集团的副总经理。《融资性担保公司管理暂行办法》第三十条规定："融资性担保公司不得为其母公司或者子公司提供融资性担保"。P2P网络借贷平台与关联的融资担保公司之间极容易发生"自融自担"问题。

　　e租宝宣称有保理公司承诺对债权转让项目中债权无条件赎回，但实际中保理公司也受到钰诚集团的控制，增益国际保理（天津）有限公司的法人代表即为丁宁。为e租宝提供融资担保的三家担保公司和保理公司并没有起到分散或转移风险的作用，没有降低投资人的投资风险，投资人的资金安全难以得到保证。

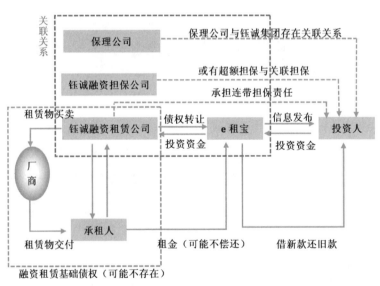

图10、e租宝平台现金流情况

（三）虚假宣传

1. 丁宁、张敏等公司高管形象包装

钰诚集团实际控制人丁宁，出生于1982年，安徽蚌埠人，缅甸国籍。1999年，年仅17岁只有高中学历，大专尚未毕业的丁宁就办理长期休学进入蚌埠岩柏施封锁厂任技术员、销售员，后为厂长。为了掩盖丁宁的低学历，在宣传时都突出其合肥工业大学、安徽财经大学硕士生导师的头衔，而丁宁硕士导师头衔的取得凭借的是其公司与高校之间的合作关系。钰诚集团是家族式企业，管理层的家族成员，文化程度大都偏低，为此丁宁聘请了法国佩皮尼大学的硕士张敏担任e租宝总裁。

2014年以来，"钰诚系"更是不吝重金打造张敏"互联网金融业第一美女总裁"的形象。然而这个包装华丽的"美女总裁"却并没有在金融投资管理方面的经验或者实际操作案例。但是在短短几个月内，张敏就登上了央视一套、二套以及新闻频道，北京卫视、安徽卫视，高铁、地铁、公交等各类媒体。

（2）央视网、北京卫视等电视媒体宣传

e租宝不惜一掷千金，在各大知名媒体上进行广告宣传。特别是2015年4月份后，更是持巨资投入电视媒体，拉开了e租宝品牌推广的大戏。根据中金网资料显示，e租宝在央视投放广告费3102万元，北京卫视2454万元，江苏卫视1440万元，东方卫视1479万元，天津卫视1440万元，总计9915万元。如果再加上湖南卫视、浙江卫视、

安徽卫视，预计至少每家1500万元[1]。e租宝在电视媒体、财经媒体、户外媒体、网络媒体等，进行铺天盖地的广告宣传，借助知名媒体的公信力为其平台信用背书，误导不明真相的投资者陷入e租宝精心编织地"财富谎言"中。并且e租宝在线下还广泛设立分公司和代销公司，向老百姓提供推销服务，甚至直接帮助投资人开通网上银行、注册平台账户。在此强势宣传下，e租宝仅用半年的时间就吸引了近90万的投资人。从图11、图12中可以看出e租宝的媒体推广效果明显，2015年4月份e租宝加大品牌宣传力度后，投资者数量稳步上升，满标所需时间迅速下降。

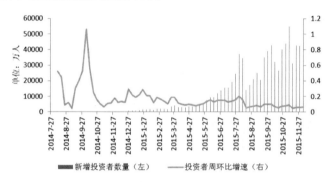

图11、e租宝平台投资者人数增长数量和环比增长率

五、e租宝事件法律规制再思考

（1）e租宝事件刑法规制的必要

通过上文事实梳理可知，e租宝在其平台发布大量虚假借款标的，

1　资料来源：中金咨询 http://news.cngold.com.cn/20151211d1903n59173822.html?plg_
　　nld=1&plg_uin=1&plg_auth=1&plg_nld=1&plg_usr=1&plg_vkey=1&plg_dev=1

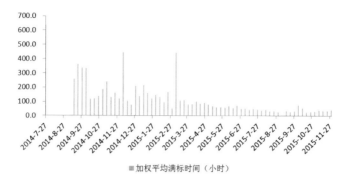

图12、e租宝平台平均满标时间

虚构融资项目和投资人，并提供虚假担保和进行自融自投，已经违反了 P2P 网络借贷平台的一般运营规则。 最终随着偿还投资人本息增多，资金入不敷出，更造成众多投资人合法权益遭受侵害的后果。

尽管自"东方创投"案 起，P2P 网络借贷平台是否应当用以刑法规制，或者从文义解释上 P2P 网络借贷行为能否为现有刑法非法集资类犯罪罪名容纳，以及从目的解释上这类平台是否符合兼具政治性和谦抑性的刑法规制对象之特征，各方尚存争论。但是，金融市场秩序维护是国家金融安全稳定的需要，刑法在金融犯罪领域设置非法集资类金融犯罪罪名对于平衡金融市场安全与效率两大价值仍具相当历史意义。更何况，类似 e 租宝等经营行为严重扰乱行业秩序、对社会造成极大不利影响的网络借贷平台，在适度范围内对其进行刑法规制，对于行业规则的维护和社会秩序的整体稳定具有现实的合理性前提。

（2）e租宝平台刑法规制的正当性依据

e 租宝等 P2P 网络借贷平台运作方式相比传统的民间借贷具有

更强的公开性，与刑法规范所规定的非法集资类犯罪要件特征也是天然契合。因而在司法实践中，P2P网络借贷也比传统民间借贷更易被认定为非法集资类犯罪。

有学者对已经审判的P2P网络借贷领域案例作了统计，指出多数P2P平台都以违反"非法吸收公众存款罪"承担法律责任。具体而论，实质就在于多数违法的P2P网络借贷平台未能明确自身只能属于信息中介平台的经营规则要求，经营大量实质上的信用中介业务，并且积累资金池，自然就会突破监管对P2P平台的运营要求，构成非法集资类犯罪中的非法吸收公众存款等罪的要件特征。但是，对于包括"东方创投"在内的多家违法平台是否能够完全适用非法集资类犯罪中的非法吸收公众存款罪，刑法学界仍有关于罪名要件如何具体解释的争论。依照2010年最高人民法院《关于审理非法集资刑事案件具体应用法律若干问题的解释》（以下简称"非法集资解释2010"）第一条第一款规定，同时具备以下四个条件的属于刑法规定的"非法吸收公众存款或者变相吸收公众存款"：（一）未经有关部门依法批准或者借用合法经营的形式吸收资金；（二）通过媒体、推介会、传单、手机短信等途径向社会公开宣传；（三）承诺在一定期限内以货币、实物、股权等方式还本付息或给付报酬；（四）向社会公众即不特定对象吸收资金。总结而论，非法吸收公众存款或变相吸收公众存款应当具有四大特征：非法形式；公开宣传；额外回报；不特定对象。

仅以目前事实资料看，即使e租宝利用虚构融资项目进行融资的行为因为可能存在的证据不全等因素，没有被最终认定为利用诈骗方法进行非法集资的集资诈骗罪，其本身以积累资金池、提供信用中介为核心的经营模式也已经满足非法吸收公众存款罪的特征，当然属于非法集资的范畴。

其一，e租宝平台具有面向社会不特定对象、进行公开宣传的特征。钰诚系通过对公司高管进行包装，在电视媒体、财经媒体、户外媒体、网络媒体等进行广泛的广告宣传，并通过线下代销公司等渠道直接向社会公众进行推销。按照最高人民法院、最高人民检察院、公安部2014年下发《关于办理非法集资刑事案件适用法律若干问题的意见》（以下简称"非法集资意见2014"）第二点规定，"非法集资解释2010"第一条第一款第二项的"向社会公开宣传"指的就是"以各种途径向社会公众传播吸收资金的信息，以及明知吸收资金的信息向社会公众扩散而予以放任等情形"。与传统民间借贷的私密性不同，e租宝的运作形式具有明显的公开性和广泛传播特质，其在半年时间内吸引的超过90万投资者，社会扩散程度大、对象来源范围广，当然符合法吸收公众存款或变相吸收公众存款的公开性和社会性特征。

其二，e租宝吸收资金行为具有非法性，达到非法吸收公众存款罪的罪量门槛。"非法集资解释2010"为本罪设定的第一个要件特征就是以未经批准或借用合法经营的形式吸收资金，实质就是从程序合法性上区分了一般的资金借贷与非法集资的界限。因此，判定e租宝等平台是否属于非法集资，首先还要判定其是否具有合法资格（是否具有吸收存款的资格）、是否符合许可程序或者行为实质合不合法（如具有吸收存款的资格主体擅自提高利率吸收存款）。此外，

"非法集资解释2010"第三条第二款又规定，个人非法吸收公众存款和或者变相吸收公众存款对象30人以上的，单位非法吸收或者变相吸收公众存款对象的，应当承担刑事责任。结合前文事实看，本案中的e租宝违法行为已经达到了非法吸收存款罪的罪量门槛。

其三，e租宝事件相关行为人可能构成共同犯罪。2014年最高人民法院、最高人民检察院、公安部印发的《关于办理非法集资刑事案件适用法律问题若干问题的意见》（以下简称"非法集资解释2014"）第四条明确规定，为他人向社会公众非法吸收资金提供帮助，从中收取代理费、好处费、返点费、佣金、提成等费用，构成非法集资共同犯罪的，应当依法追究刑事责任。本案中，除了丁宁、张敏等公司实际控制人和高管外，由于e租宝平台运营过程中，广泛运用广告包装和跨平台宣传的模式吸引社会投资者，其中更有部分知名媒体、知名人士以其公信力为平台背书，误导大量不明真相的群众陷入骗局。对于e租宝平台推广过程中，某些媒体、名人是否违反广告行业相关的法规，或者相关行为人是否存在收取好处费等行为，法院在审理此案时也当引起重视。

（3）e租宝事件相关行为人应承担的法律责任

① 民事责任。若是e租宝平台依照前述分析，由法院认定违反非法吸收公众存款罪或其它非法集资类罪，其向社会公众非法吸收的资金当然属于违法所得，涉案财物追缴和处置应当依法进行。根据"非法集资解释2014"第五条规定，包括集资参与人从吸收资金中获得的利息回报等、协助吸收资金人员的好处费等、满足特定条件的以吸收资金清偿的债务或财产让与，都应当依法追缴；而集资

参与人尚未归还的本金也可用所支付的回报折抵。本案中，丁宁等主要行为人将非法募集资金所有权归为己有、任意挥霍，此外，钰诚系旗下员工的工资也有不合常理的虚高现象，审理法院除了依法追缴丁宁等主要行为人私吞的吸收资金，也应当在合理限度内对钰诚系旗下部分高薪员工的收入情况进行调查，明确其是否属于非法集资的参与人或者其获得的薪酬收入是否是实质上的吸收或协助吸收资金所获的利息回报、好处费等，以在最大限度内追缴违法所得，维护投资者的合法权益。此外，因办案需要而被查封、扣押、冻结的涉案财物，一般应在诉讼终结后返还集资参与人，而涉案财物不足全部返还的，则按照集资参与人的集资额比例返还。本案波及90余万投资者、涉案资金数百亿，审理法院在判决执行阶段也应当尤为重视涉案财物的返还和更进一步的投资者损害补偿等具体问题。

② 行政责任。根据多家 P2P 平台违法判决结果统计，网络借贷平台涉嫌违法经营的，轻则承担警告、罚款、没收财物等责任，重则承担责令停产、停业或者暂扣、吊销许可证和营业执照等责任。本案中，e 租宝事件社会影响巨大，办案警方已经依法对主要涉案人员采取强制措施，钰诚系总部也已完全停业。而有关涉案财物没收等问题，除了实物等依办案程序进行查封、扣押等外，公司银行存款等现金财产也可按照国务院1998年发布《非法金融机构和非法金融业务活动中有关问题的通知》第13条以及中国人民银行1999年发布的《关于取缔非法金融机构和非法金融业务活动中有关问题的通知》规定，由集资行为发生地的人民银行认定是否属于非法金融业务，并责令相关储蓄金融机构停止与涉案账户等有关的业务活动，

且任何单位和个人不得擅自动用有关资金。

③ 刑事责任。在"东方创投"案中，法院最终认为东方创投法人邓亮为主犯，判处有期徒刑三年，并处罚金30万元；运营总监李泽明是从犯，判处有期徒刑二年，缓刑三年，并处罚金5万元。根据《刑法》第176条规定，"非法吸收公众存款或者变相吸收公众存款，扰乱金融秩序的，处三年以下有期徒刑或者拘役，并处或者单处二万元以上二十万元以下罚金；数额巨大或者有其他严重情节的，处三年以上十年以下有期徒刑，并处五万元以上五十万元以下罚金。单位犯前款罪的，对单位判处罚金，并对其直接负责的主管人员和其他直接责任人员，依照前款的规定处罚。"东方创投最终量刑主犯为三年有期徒刑，除了该案涉及吸收的资金相对不大因素外，邓亮等东方创投的负责人也在案发后相继自动投案自首并供述所有犯罪情节，符合法定减刑情节，故法院最终判决是合理的。而钰诚系通过 e 租宝等平台吸收数百亿资金，数额特别巨大，主要行为人还存在卷款逃跑、毁灭证据等行为，如果本案最终认定钰诚系通过 e 租宝平台非法吸收公众存款，其主要行为人被"顶格判"的可能性较大。

（4）P2P网络借贷平台监管的再反思

基于投资回报形式的不同，众筹融资可分为捐赠型、预售型、借贷型和股权型四种类型，本文讨论的 e 租宝等 P2P 网络借贷平台，以平台提供融资项目，投资人通过平台进行投资并获得回报的形式运作，属于实质上经营资金借贷业务的借贷型众筹平台。而就资金跨期配置的性质而言，互联网金融意义上的"资金众筹"概念也主要是指借贷型和股权型众筹。有学者指出，具体到我国金融监管的语境，P2P网络借贷平台经营类银行业务，虽由银监会制定监管细则进行规制，但当前仍有必要站在功能监管的立场对借贷型监管众筹募集资金的法律定性进行再审视，以明确法律的正确适用。

从域外借贷型众筹监管实践看，英国的网络信贷属于消费信贷市场范畴，由公平交易局（OFT）根据《消费者信贷法》（Consumer Credit Act）进行监管，2014年4月1日后又由英国金融行为监管局（FCA）接管；美国则参照《证券法》等法律，认为P2P平台向贷款人发行、出售收益权凭证的行为属于证券交易行为，应当由证券交易委员会（SEC）和各州证券业监管机构负责。当然，由于不同国家法律体系的不同，对金融行业具体业务的定义不同而导致监管主体相异，有其合理性。但从加强投资者保护、维护众筹市场乃至金融市场稳定和促进金融创新的角度，具体分析借贷型监管众筹的资金性质是否具有证券属性，是否应当汲取域外经验交由证券业监管机构规制，对于进一步明确投资者资格、探究投资者合法权益维护以及损害权益补偿途径等问题具有前瞻意义。

此外，仅就本文 e 租宝事件看，法理上平台业务合同在业务暂停后依旧有效，但现有合同的清算和派息等业务是否当然停止和如何善后，监管部门在处理此类问题时仍需要依法完善具体应急机制，以在最大限度内维持众筹市场乃至更广金融市场的秩序。

第八讲 互联网金融监管的必要性和核心原则

互联网金融的快速发展引起了社会的广泛关注。2014年3月5日，李克强总理在政府工作报告中指出："促进互联网金融健康发展"。我们认为，互联网金融监管是"互联网金融健康发展"的前提条件之一。但这一观点还没有成为普遍共识。至于如何做好互联网金融监管，更是一个开放命题，各方莫衷一是，也没有特别成熟的法规。针对这种局面，我们认为有必要讨论互联网金融监管的必要性和核心原则。本文共分四部分，第一部分讨论互联网金融监管的必要性和特殊性；第二部分讨论互联网金融的功能监管；第三部分讨论互联网金融的机构监管和监管协调；第四部分是结论。

互联网金融监管的必要性和特殊性

一、互联网金融监管的必要性

在2008年这一轮国际金融危机后，金融界和学术界的普遍认识是（UK FSA, 2009），自由放任（laissez-faire）的监管理念只适用于金融市场有效的理想情景。我们以这一理想情景为参照点，论证互联网金融监管的必要性。

在市场有效的理想情景下，市场参与者是理性的，个体自利行为使得"看不见的手"自动实现市场均衡，均衡的市场价格完全和正确地反映了所有信息。此时，金融监管应采取自由放任理念，关键目标是排除造成市场非有效的因素，让市场机制发挥作用，少监管或不监管，具体有三点。(1) 因为市场价格信号正确，可以依靠市场纪律来有效控制有害的风险承担行为。(2) 要让问题金融机构破产清算，以实现市场竞争的优胜劣汰。(3) 对金融创新的监管没有必要，市场竞争和市场纪律会淘汰没有必要或不创造价值的金融创新，管理良好的金融机构不会开发风险过高的产品，信息充分的消费者只会选择满足自己需求的产品。而且就判断金融创新是否创造价值而言，监管当局相对市场不具有优势，监管反而可能抑制有益的金融创新。以上因素使得监管者主动放弃监管，此外，监管者还会考虑监管的信息处理成本，如果成本过高，可能被动放弃监管（蒋海、刘少波，2004；郑超愚、蔡浩仪、徐忠，2000）。

但互联网金融在达到这个理想情景之前，仍会存在信息不对称和交易成本过高等大量非有效因素，使得自由放任监管理念不适用。

第一，互联网金融中，个体行为可能非理性。比如，在 P2P 网络贷款中，投资者购买的实际是针对借款者个人的信用贷款。即使 P2P 平台能准确揭示借款者信用风险，并且投资足够分散，个人信用贷款仍属于高风险投资，投资者不一定能充分认识到投资失败对个人的影响。所以，对 P2P 网络贷款，一般需要引入投资者适当性监管，英国还要求投资者不能仓促决策，要三思而后行。

第二，个体理性，不意味着集体理性（禹钟华、祁洞之，

2013）。比如，在以余额宝为代表的"第三方支付＋货币市场基金"合作产品中，投资者购买的是货币市场基金份额。投资者可以随时赎回自己的资金，但货币市场基金的头寸一般有较长期限，或者需要付出一定折扣才能在二级市场上卖掉。这里面就存在期限错配和流动性转换问题。如果货币市场出现大幅波动，投资者为控制风险而赎回资金，从个体行为上看，是完全理性的；但如果是大规模赎回，货币市场基金就会遭遇挤兑，从集体行为上看，则是非理性的。2008年9月，雷曼兄弟破产后，美国历史最悠久的货币市场基金The Reserve Primary就遭遇了这种情况。The Reserve Primary因为对雷曼兄弟的敞口而跌破面值，尽管净值损失不超过5％，但机构投资者仍争先恐后赎回，令该基金不得不走向破产清算。受此事影响，整个货币市场基金行业遭遇赎回潮，一夜之间遭到重创。流动性紧缩的局面还蔓延到整个金融系统，主要国家的央行不得不联手推出大规模的流动性支持措施（谢平、邹传伟，2013）。机构投资者表现出的这种集体非理性行为，完全有可能在个人投资者身上出现。

第三，市场纪律不一定能控制有害的风险承担行为。在我国，针对投资风险的各种隐性或显性担保大量存在（比如，隐性的存款保险，银行对柜台销售的理财产品的隐性承诺），老百姓也习惯了"刚性兑付"，风险定价机制在一定程度上是失效的。在这种环境下，部分互联网金融机构推出高风险、高收益产品，用预期的高收益来吸引眼球、做大规模，但不一定如实揭示风险。这里面隐藏着巨大的道德风险。

第四，互联网金融机构如果涉及大量用户，或者达到一定资金规模，出问题时很难通过市场出清方式解决。如果该机构还涉及支付清算等基础业务，破产还可能损害金融系统的基础设施，构成系统性风险。比如，支付宝和余额宝的涉及人数和业务规模如此之大，已经具有一定的系统重要性。余额宝尤其需要注意。截至2014年一季度，余额宝的规模已超5000亿元。余额宝能达到这么大规模，是多方面原因造成的：(1) 余额宝的资金主要投向银行协议存款，而在利率市场化背景下，协议存款利率（已市场化）高于活期存款（未市场化）；(2) 协议存款不用交准备金，银行能给出高利率；(3) 余额宝在2013年年中推出适逢"钱荒"，银行间市场利率高企，所以余额宝的投资收益比较高，但2014年以来已逐渐下降；(4) 协议存款"提前支取不罚息"，是余额宝流动性的关键保障，但这对银行不利（人民银行2014年3月已表示这一点不会持续[1]）。此外，余额宝还涉足广义货币创造（美国的 M2统计中就包括能签发支票的货币市场存款账户和货币市场基金份额）。

第五，互联网金融创新可能存在重大缺陷。比如，我国 P2P 网络贷款已经出现良莠不齐局面。部分 P2P 平台中，客户资金与平台资金没有有效隔离，出现了若干平台负责人卷款"跑路"事件；部分 P2P 平台营销激进，将高风险产品销售给不具备风险识别和承担能力的人群（比如退休老人）。再比如，比特币因为有很好的匿名性，被用在洗钱、贩毒等非法活动中。

第六，互联网金融消费中可能存在欺诈和非理性行为。金融机

1　见《推动创新 规范服务——央行有关负责人回应当前互联网金融监管热点话题》（2014年3月24日）。

构可能开发和推销风险过高的产品，消费者可能购买自己根本不理解的产品。比如，在金融产品的网络销售中，部分产品除了笼统披露预期收益率外，很少向投资者说明该收益率通过何种策略取得、有什么风险等。部分产品为做大规模，采取补贴、担保等方式来放大收益，"赔本赚吆喝"，偏离了纯粹的市场竞争行为。而部分消费者因为金融知识有限和习惯了"刚性兑付"，不一定清楚 P2P 网络贷款与存款、银行理财产品有什么差异。

因此，对互联网金融，不能因为发展不成熟就采取自由放任的监管理念，应该以监管促发展，在一定负面清单、底线思维和监管红线下，鼓励互联网金融创新。

二、互联网金融监管的特殊性

互联网金融有两个突出风险特征，在监管中要注意。

1.信息科技风险

信息技术风险在互联网金融中非常突出。比如，计算机病毒、电脑黑客攻击、支付不安全、网络金融诈骗、金融钓鱼网站、客户资料泄露、身份被非法盗取或篡改等。

阎庆民（2013）提出，对信息技术风险，(1) 按风险来源分为四类：自然原因导致的风险、信息系统风险、管理缺陷导致的风险、由人员有意或无意的违规操作引起的风险；(2) 按风险影响的对象分为三类：数据风险、运行平台风险、物理环境风险；(3) 按对组织的影响分为四类：安全风险、可用性风险、绩效风险、合规风险；(4) 主要监管手段包括：非现场监管、现场检查、风险评估与监管评级、前瞻性风险控制措施，也可以使用数理模型来计量信息技术风险（比如基于损失分布法的计量方法）。

2. "长尾"风险

互联网金融因为拓展了交易可能性边界（谢平、邹传伟，2012），服务了大量不被传统金融覆盖的人群（即"长尾"特征），具有不同于传统金融的风险特征。第一，互联网金融服务人群的金融知识、风险识别和承担能力相对欠缺，属于金融领域的弱势群体，容易遭受误导、欺诈等不公正待遇。第二，他们的投资小额而分散，作为个体投入精力监督互联网金融机构的成本远高于收益，所以"搭便车"问题更突出，从而针对互联网金融的市场纪律更容易失效。第三，个体非理性和集体非理性更容易出现。第四，一旦互联网金融出现风险，从涉及人数上衡量（涉及金额可能不大），对社会的负外部性很大。

鉴于互联网金融的"长尾"风险，强制性的、以专业知识为基础的、时间持续的金融监管不可或缺，而金融消费者保护尤为重要。

互联网金融的功能监管

功能监管主要是针对风险的监管，基础是风险识别、计量、防范、预警和处置。在互联网金融中，风险指的仍是未来遭受损失的可能性，市场风险、信用风险、流动性风险、操作风险、声誉风险和法律合规风险等概念都适用，误导消费者、夸大宣传、欺诈等问题仍然存在。因此，对互联网金融来说，审慎监管、行为监管、金融消费者保护等三种监管方式也都适用。

一、审慎监管

审慎监管的目标是控制互联网金融的外部性，保护公众利益。根据微观经济学理论，外部性指的是经济主体的行为可通过价格机制之外的渠道，直接影响其他消费者的福利或其他厂商的生产能力；如果不对市场施加额外限制，在外部性为正时，均衡水平会低于社会最优水平，而在外部性为负时，均衡水平会高于社会最优水平（金融领域一般属于后一种情形）。审慎监管的基本方法论是（谢平、邹传伟，2013），在风险识别的基础上，通过引入一系列风险管理手段（一般体现为监管限额），控制互联网金融机构的风险承担行为以及负外部性（特别在事前），从而使外部性行为达到社会最优水平。

目前看，互联网金融的外部性主要是信用风险的外部性和流动性风险的外部性。针对这两类外部性，可以借鉴银行监管中的相关做法，按照"内容重于形式"原则，设计相应监管措施。

1. 监管信用风险的外部性

部分互联网金融机构从事了信用中介活动。比如，在 P2P 网络贷款中，一些 P2P 平台直接介入借贷链条，或者为借贷活动提供担保，总的效果都是承担了与借贷有关的信用风险。这类互联网金融机构就会产生信用风险的外部性。它们如果破产，不仅会使相关债权人、交易对手的利益受损，也会使具有类似业务或风险的互联网金融机构的债权人、交易对手怀疑自己机构的清偿能力，进而产生信息上的传染效应。根据国务院办公厅2013年《关于加强影子银行监管有关问题的通知》的精神，从事信用中介活动的互联网金融机构，如果不持有金融牌照，并且完全无监管，就属于影子银行，需要由中国人民银行会同有关部门共同研究制定监管办法。

对信用风险的外部性，可以参考银行业的监管方法。在 Basel Ⅱ 和 Ⅲ 下，银行为保障在信用风险的冲击下仍具有持续经营能力，需要计提资产损失准备金和资本（其中资产损失准备金用来覆盖预期损失，资本用来覆盖非预期损失），体现为不良资产拨备覆盖率、资本充足率等监管指标，具体监管标准依据风险计量来确定。比如，8% 的资本充足率，相当于保障在99.9% 的情况下，银行的资产损失不会超过资本。

在 P2P 网络贷款中，部分平台划拨部分收入到风险储备池，用于保障投资者的本金。风险储备池在功能和经济内涵上与银行资产损失准备金、资本相当。如果允许 P2P 平台通过风险储备池来提供本金保障，那么风险储备池的充足标准，也应该依据风险计量来确定。

2. 监管针对流动性风险的外部性

部分互联网金融机构进行了流动性或期限转换。比如，信用中介活动经常伴随着流动性或期限转换。又如，在以余额宝为代表的"第三方支付 + 货币市场基金"合作产品中，投资者随时可以赎回自己的基金份额，但基金头寸的期限则要长一些。这类互联网金融机构就会产生流动性风险的外部性。它们如果遭受流动性危机，首先会影响债权人、交易对手的流动性。比如，如果货币市场基金集中、大量提取协议存款，会直接对存款银行造成流动性冲击。其次，会使具有类似业务或风险的互联网金融机构的债权人、交易对手怀疑自己机构的流动性状况，也会产生信息上的传染效用。此外，金融机构在遭受流动性危机时，通常会通过出售资产来回收现金，以满足流动性需求。短时间内大规模出售资产会使资产价格下跌。在公允价值会计制度下，持有类似资产的其他金融机构也会受损，在极端情况下，甚至会出现"资产价格下跌→引发抛售→资产价格进一步下跌"的恶性循环。

对流动性风险的外部性的监管，也可以参考银行业的做法。Basel Ⅲ引入了两个流动性监管指标——流动性覆盖比率和净稳定融资比率。其中，流动性覆盖比率已经开始实施，要求银行在资产方留有充足的优质流动性资产储备，以应付根据流动性压力测试估计的未来30天内净现金流出量。

按照类似监管逻辑，对"第三方支付 + 货币市场基金"合作产品，应该通过压力测试估算投资者在大型购物季、货币市场大幅波动等情景下的赎回金额，并据此对货币市场基金的头寸分布进行限制，确保有足够比例的高流动性头寸（当然，这会牺牲一定的收益性）。

二、行为监管

行为监管，包括对互联网金融基础设施、互联网金融机构以及相关参与者行为的监管，主要目的是使互联网金融交易更安全、公平和有效。从一定意义上说，行为监管是对互联网金融的运营优化，主要内容如下。

第一，对互联网金融机构的股东、管理者的监管。一方面，在准入审查时，排除掉不审慎、能力不足、不诚实或有不良记录的股东和管理者。另一方面，在持续经营阶段，严格控制股东、管理者与互联网金融机构之间的关联交易，防止他们通过资产占用等方式损害互联网金融机构或者客户的合法权益。

第二，对互联网金融有关资金及证券的托管、交易和清算系统的监管。一方面，提高互联网金融交易效率，控制操作风险；另一方面，平台型互联网金融机构的资金与客户资金之间要有效隔离，防止挪用客户资金、卷款"跑路"等风险。

第三，要求互联网金融机构有健全的组织结构、内控制度和风险管理措施，并有符合要求的营业场所、IT 基础设施和安全保障措施。

三、金融消费者保护

金融消费者保护，即保障金融消费者在互联网金融交易中的权益。金融消费者保护与行为监管有紧密联系，有学者认为金融消费者保护属于行为监管。我们之所以将金融消费者保护单列出来，是因为金融消费者保护主要针对互联网金融服务的"长尾"人群，而行为监管主要针对互联网金融机构。

金融消费者保护的背景是消费者主权理论以及信息不对称下互联网金融机构对消费者权益的侵害。其必要性在于，互联网金融机构与金融消费者两方的利益不是完全一致，互联网金融机构健康发展（这主要是审慎监管和行为监管的目标）不足以完全保障金融消费者权益。

现实中，由于专业知识限制，金融消费者对金融产品的成本、风险、收益的了解根本不能与互联网金融机构相提并论，处于知识劣势，也不可能支付这方面的学习成本。其后果是，互联网金融机构掌握金融产品内涵信息和定价的主导权，会有意识地利用金融消费者的信息劣势开展业务。此外，互联网金融机构对金融消费者有"锁定效应"[1]，欺诈行为一般不能被市场竞争消除（也就是说，金融消费者发现欺诈行为后，也不会另选机构）。

针对金融消费者保护，可以进行自律监管。但如果金融消费者没有很好的低成本维权渠道，或者互联网金融机构过于强势，而自律监管机构又缺乏有效措施，欺诈行为一般很难得到制止和处罚，甚至无法被披露出来。在这种情况下，自律监管面临失效，政府监管机构就作为金融消费者的代理人实施强制监管权力[2]，主要措施有三类。第一，要求互联网金融机构加强信息披露，产品条款要简单明了、信息透明，使金融消费者明白其中风险和收益的关系。第二，要赋予金融消费者维权的渠道，包括赔偿机制和诉讼机制。第三，利用金融消费者的投诉及时发现监管漏洞。

最后需要说明的是，功能监管要体现一致性原则。互联网金融机构如果实现了类似于传统金融的功能，就应该接受与传统金融相

1　这方面，Peter Renton 2012的 The Lending Club Story: How the World's Largest Peer to Peer Lender is Transforming Finance and How You Can Benefit 提供了佐证。他发现，借款人如果在某个（P2P）平台上留下了过高的债务占收入比记录，也很难从其他平台借款；对于放款人而言，熟悉了某个平台之后也会产生依赖性；对于借款人和放款人而言，转换平台的成本都是非常高的。

2　目前，"一行三会"均已成立金融消费者保护司局。

同的监管；不同的互联网金融机构如果从事了相同的业务，产生了相同的风险，就应该受到相同的监管。否则，就容易造成监管套利，既不利于市场公平竞争，也会产生风险盲区。

互联网金融的机构监管和监管协调

互联网金融的机构监管的隐含前提是，可以对互联网金融机构进行分类，并且同类机构从事类似业务，产生类似风险，因此适用于类似监管。但部分互联网金融活动已经出现了混业特征。在这种情况下，就需要根据互联网金融机构具体的业务、风险，从功能监管角度制定监管措施，并加强监管协调。

一、互联网金融的机构监管

我们认为（谢平、邹传伟、刘海二，2014），根据各种互联网金融机构在支付、信息处理、资源配置上的差异，可以将现有互联网金融机构划分成五种主要类型：(1) 金融互联网化，包括网络银行和手机银行、网络证券公司、网络金融交易平台、金融产品的网络销售；(2) 移动支付与第三方支付；(3) 基于大数据的网络贷款（以阿里小贷为代表）；(4)P2P 网络贷款；(5) 众筹融资。

1.对金融互联网化、基于大数据的网络贷款的监管

首先，在金融互联网化方面，网络银行、手机银行、网络证券公司、网络保险公司和网络金融交易平台等主要体现互联网对银行、证券公司、保险公司和交易所等物理网点和人工服务的替代。基于大数据的网络贷款，不管是以银行为载体，还是以小贷公司为载体，

主要是改进贷款评估中的信息处理环节。与传统金融中介和市场相比，这些互联网金融机构在金融功能和风险特征上没有本质差异，所以针对传统金融中介和市场的监管框架和措施都适用，但需要加强对信息科技风险的监管。

其次，对金融产品的网络销售，监管重点是金融消费者保护。《证券投资基金销售管理办法》第三十五条规定："基金宣传推介材料必须真实、准确，与基金合同、基金招募说明书相符"。银监会对理财产品和信托产品等也有明文规定，绝对不能保证收益率，只能是预期收益率，并要向投资者反复强调，投资有风险，买者自负的基本理念。

2.对移动支付与第三方支付的监管

首先，对移动支付和第三方支付，我国已经建立起一定的监管框架，包括反洗钱法、电子签名法和《关于规范商业预付卡管理的意见》等法律法规，以及中国人民银行的《非金融机构支付服务管理办法》《支付机构预付卡业务管理办法》《支付机构客户备付金存管办法》和《银行卡收单业务管理办法》等规章制度。

其次，对以余额宝为代表的"第三方支付＋货币市场基金"合作产品，鉴于可能的流动性风险（见前文），应参考美国在这轮国际金融危机后对货币市场基金的监管措施。(1) 要求这类产品如实向投资者揭示风险，避免投资者形成货币市场基金永不亏损的错误预期。《证券投资基金销售管理办法》对此有明文规定。(2) 要求这类产品如实披露头寸分布信息（包括证券品种、发行人、交易对手、金额、期限、评级等维度，不一定是每个头寸的详细信息）和资金申购、赎回信息。(3) 要求这类产品满足平均期限、评级和投资集中度等方面的限制条件，确保有充足的流动性储备来应付压力情景下投资者的大额赎回。

3.对P2P网络贷款的监管

如果 P2P 网络贷款走纯粹平台模式（既不承担与贷款有关的信用风险，也不进行流动性或期限转换），而且投资者风险足够分散，对 P2P 平台本身不需要引入审慎监管。这方面的代表是美国。以 Lending Club 和 Prosper 为代表的美国 P2P 网络贷款具有以下特点：(1) 投资人和借款人之间不存在直接债权债务关系，投资人购买的是 P2P 平台按美国证券法注册发行的票据（或收益权凭证），而给借款人的贷款则先由第三方银行提供，再转让给 P2P 平台；(2) 票据和贷款之间存在镜像关系，借款人每个月对贷款本息偿付多少，P2P 平台就向持有对应票据的投资人支付多少；(3) 如果借款人对贷款违约，对应票据的持有人不会收到 P2P 平台的支付（即 P2P 平台不对投资人提供担保），但这不构成 P2P 平台自身违约；(4) 个人征信发达，P2P 平台不用开展大量线下尽职调查。在这些情况下，美国证券交易委员会（SEC）是 P2P 网络贷款的主要监管者，而且 SEC 监管的重点是信息披露，而非 P2P 平台的运营情况。P2P 平台必须在发行说明书中不断更新每一笔票据的信息，包括对应贷款的条款、借款人的匿名信息等。

我国 P2P 网络贷款与美国同业有显著差异。(1) 个人征信系统不完善，线上信息不足以满足信用评估的需求（饶越，2014），P2P 平台普遍开展线下尽职调查；(2) 老百姓习惯了"刚性兑付"，没有担保很难吸引投资者，P2P 平台普遍划拨部分收入到风险储备池，用于保障投资者的本金；(3) 部分 P2P 平台采取"专业放贷人 + 债权转让"模式，目标是更好地联结借款者的资金需求和投资者的理财需求，主动、批量开展业务，而非被动等待各自匹配，但容易演变为"资金池"；(4) 大量开展线下推广活动，金融消费者保护亟待加强。总的来说，我国 P2P 网络贷款更接近互联网上的民间借贷。目前，我国 P2P 网络贷款无论在机构数量上，还是在促成的贷款金额上，都超过了其他国家，整个行业鱼龙混杂，风险事件频发。我们认为，要以"放开准入，活动留痕，事后追责"的理念，加强对 P2P 网络贷款的监管。

第一，准入监管。要对 P2P 平台的经营条件、股东、董监事和管理层设定基本的准入标准。要建立"谁批设机构，谁负责风险处置"的机制。

第二，运营监管。P2P 平台仅从事金融信息服务，在投资者和借款者之间建立直接对应的借贷关系，不能直接参与借贷活动。P2P 平台如果通过风险储备池等方式承担了贷款的信用风险，必须遵从与银行资产损失准备金、资本相当的审慎标准（见前文）。P2P 平台必须隔离自有资金与客户资金，了解自己的客户，建立合格投资者制度，不能有虚假宣传或误导陈述。

第三，信息监管。P2P 平台必须完整、真实地保存客户和借贷交易信息，以备事后追责，并且不能利用客户信息从事超出法律许可或未经客户授权的活动。P2P 平台要充分披露信息（包括 P2P 平台的经营信息）和揭示风险，保障客户的知情权和选择权。P2P 平台的股东或员工如果在自家平台上融资，要如实披露，防止利益冲突和关联交易。

4.对众筹融资的监管

目前，我国因为证券法对投资人数的限制，众筹融资更接近"预售＋团购"，不能服务于中小企业的股权融资，但也不会产生很大金融风险。将来，我国如果允许众筹融资以股权形式给予投资者回报，就需要将众筹融资纳入证券监管。

这方面，美国《JOBS法案》[1]值得借鉴，主要包括三方面限制。(1) 对发行人的限制。比如，要在SEC备案，向投资者和众筹融资平台披露规定信息，并且每年通过众筹融资平台募资的总额不超过100万美元。(2) 对众筹融资平台的限制。比如，必须在SEC登记为经纪商或"融资门户"，必须在自律监管组织注册；在融资预定目标未能完成时，不得将所筹资金给予发行人（即融资阀值机制）。(3) 对投资者的限制（即投资者适当性监管）。如果个人投资者年收入或净资产少于10万美元，则投资限额为2000美元或者年收入或净资产5%中孰高者；如果个人投资者年收入或净资产中某项达到或超过10万美元，则投资限额为该年收入或净资产的10%。

二、互联网金融的监管协调

目前，我国采取银行、证券、保险"分业经营，分业监管"框架，同时金融监管权高度集中在中央政府。但部分互联网金融活动已经

---

1 全称是 Jumpstart Our Business Startups Act，于2012年4月通过。

出现了混业特征。比如，在金融产品的网络销售中，银行理财产品、证券投资产品、基金、保险产品、信托产品完全可以通过同一个网络平台销售。又如，以余额宝为代表的"第三方支付＋货币市场基金"合作产品就同时涉足支付业和证券业，在一定意义上还涉及广义货币创造。另外，互联网金融机构大量涌现，规模小而分散，业务模式层出不穷，统一的中央金融监管可能"鞭长莫及"。所以，互联网金融机构的牌照发放、日常监管和风险处置责任，在不同政府部门（主要是"一行三会"和工信部）之间如何分担，在中央与地方政府之间如何分担，是非常复杂的问题。

2013年8月，国务院为进一步加强金融监管协调，保障金融业稳健运行，同意建立由中国人民银行牵头的金融监管协调部际联系会议制度，职责之一就是"交叉性金融产品、跨市场金融创新的协调"。这实际上为互联网金融的监管协调搭建了制度框架。

结论

我们认为，互联网金融监管要把握五个要点。

一是监管的必要性。对互联网金融，不能因为发展不成熟就采取自由放任的监管理念，应该以监管促发展，在一定底线思维和监管红线下，鼓励互联网金融创新。

二是监管的一般性。对互联网金融，金融风险和外部性等概念仍然适用，侵犯金融消费者权益的问题仍然存在。因此，互联网金融监管的基础理论与传统金融没有显著差异，审慎监管、行为监管、金融消费者保护等主要监管方式也都适用。

三是监管的特殊性。互联网金融的信息技术风险更为突出，"长尾"风险使金融消费者保护尤为重要，在互联网金融监管中要特别注意。

四是监管的一致性。互联网金融机构如果实现了类似于传统金融的功能，就应该接受与传统金融相同的监管；不同的互联网金融机构如果从事了相同的业务，产生了相同的风险，就应该受到相同的监管。

五是监管的差异性。对不同类型的互联网金融机构，要在风险识别的基础上分类施策，但在涉及混业经营的领域要加强监管协调。

参考文献

[01] 蒋海，刘少波．信息结构与金融监管激励：一个理论分析框架 [J]．南开经济研究，2004（03）：75-79

[02] 饶越．互联网金融的实际运行与监管体系催生 [J]．改革，2014 (03) :56-63

[03] 盛松成，张璇．余额宝与存款准备金管理，财新网，2014年3月18日

[04] 谢平，邹传伟，刘海二．互联网金融手册 [M]．北京：中国人民大学出版社，2014：209-229

[05] 谢平，邹传伟．互联网金融模式研究 [J]．金融研究，2012（12）：11-22

[06] 谢平，邹传伟．银行宏观审慎监管的基础理论研究 [M]．北京：中国金融出版社，2013：43-68，170-173

[07] 禹钟华，祁洞之．《对全球金融监管的逻辑分析与历史分析》[J]．国际金融研究，2013（03）:41-47

[08] 阎庆民. 银行业金融机构信息科技风险监管研究 [M]. 北京：中国金融出版社，2013：1-10

[09] 郑超愚，蔡浩仪，徐忠. 外部性、不确定性、非对称信息与金融监管 [J]. 经济研究，2000（09）:67-73

[10] UK FSA，2009，"The Turner Review: A Regulatory Response to the Global Banking Crisis".

第九讲 "互联网+"的经济学分析

2015年3月，李克强总理在政府工作报告中首次提出制定"互联网+"行动计划。2015年7月，国务院发布《关于积极推进"互联网+"行动的指导意见》，提出了"互联网+"创业创新、协同制造、现代农业、智慧能源、普惠金融、益民服务、高效物流、电子商务、便捷交通、绿色生态、人工智能等重点行动。"互联网+"引起了全社会的广泛关注，但目前对"互联网+"的严谨经济学分析还不多。为服务于"互联网+"的健康发展，本文试图从经济学上对"互联网+"进行初步分析。本文共分四部分：第一部分分析"互联网+"与交换经济的关系；第二部分分析"互联网+"的三大支柱；第三部分分析"互联网+"与互联网金融的关系；第四部分是总结和政策建议。

"互联网+"与交换经济的关系

一、"互联网+"重点领域的发展概况

从国内外情况看，"互联网+"的三个细分领域已经有较充分的发展。第一，电子商务。电子商务指通过互联网签署订单后所实现

的商品或服务的交易活动。根据国家统计局数据，2014年我国全社会电子商务交易额达16.39万亿元，同比增长59.4%。电子商务方面已有大量文献，本文不展开讨论，感兴趣的读者可以参考 Turban et al.（2011）。

第二，互联网金融。根据中国人民银行等十部委2015年7月发布的《关于促进互联网金融健康发展的指导意见》，目前互联网金融主要有互联网支付、网络借贷、股权众筹融资、互联网基金销售、互联网保险、互联网信托和互联网消费金融等模式，发展非常迅速。比如，根据中国支付清算协会（2015），2014年商业银行处理的网上支付、移动电话支付分别是1376.02万亿元、22.59万亿元，同比分别增长29.72%、134.30%；支付机构处理的互联网支付、移动支付分别为17.05万亿元、8.24万亿元，同比分别增长90.29%、592.44%。2014年底，余额宝的资产规模为5789亿元。根据网贷之家数据，2014年底我国有1575家 P2P 网贷平台，全年累计成交量2528亿元，贷款余额1036亿元。根据零壹财经数据，2014年底我国有128家众筹平台，其中商品众筹78家，股权众筹32家，15家主要商品众筹平台共完成筹资2.7亿元。

第三，共享经济（sharing economy）。共享经济最早可以追溯到 Botsman 和 Rogers（2010）对协同消费（collaborative consumption）的研究。他们将协同消费分为3类。第一类是产品的服务体系（product service systems），核心目标是盘活闲置资源，重视资源的可及性，而不是资源的所有权。第二类是再分配市场（redistribution markets），核心是旧商品的再使用和再循环，隐含着对过度消费的纠正和对环保的追求。第三类是协作生活方式（collaborative lifestyles），核心是朋友和邻居之间的交易，隐含着对社区和人格化交易的回归。

在共享经济中，个人、企业、非盈利组织及政府等通过对信息技术的使用，使得过剩或闲置的商品、服务的分配、共享和再利用成为可能。共享经济有4种主要模式。第一，住处共享（hospitality exchange 或 accomodation sharing）。在这种模式中，房东通过在线服务平台将其未使用的居住空间（包括整套房子、单个房间或床位）短期租赁给来房东所在城市旅行的房客。美国的 Airbnb 公司是住处共享模式的代表。第二，汽车共享（car sharing）。在这种模式中，许多人合用一辆车，但用车人对车辆只有临时使用权，没有所有权。美国的 ZipCar 公司是汽车共享模式的代表。Uber、滴滴快的等打车软件在经济学逻辑上与汽车共享类似。第三，在线任务发布和认领。在这种模式中，任务发布者通过网上社区将一些小任务（比如安装家具、去干洗店取衣服等）外包给任务认领者，并在任务完成后付一定酬劳。美国的 TaskRabbit 是在线任务发布和认领模式的代表。第四，在线易货交易。在这种模式中，有剩余产品或闲置产能的个人、机构通过非现金或易货的形式在网上交易商品和服务。澳大利亚的 Bartercard 是在线易货交易模式的代表。对这些代表性公司的详细介绍见谢平等（2014）。

二、"互联网＋"主要是互联网上的交换经济

交换经济（exchange economy）是微观经济学中的一个基础

概念。交换经济存在的原因是不同市场主体之间资源禀赋不一样或者分工不一样。交换经济从经济活动中抽象掉具体的生产和消费过程，只研究在物品已被生产出来的情况下，不同市场主体之间的交换过程。从前文介绍的"互联网＋"重点领域来看，"互联网＋"主要是互联网上的交换经济，具有3个基本要素。

第一，交换标的。在"互联网＋"中，交换标的可以有一个或多个，并能按照其存在形态、可分性、产权转移形式以及归属于公共品还是私人品等进行分类。

交换标的按存在形态可以分为4类：1. 实物和电子商品，比如房屋、汽车、电子设备、衣服、日用商品、图书、音乐和视频等。2. 服务，比如医疗、教育和 TaskRabbit 上的任务等。3. 信息，比如新闻、资讯和知识等。4. 权利，比如所有权、使用权和经营权等。互联网金融中的交换标的——股票、债券和贷款等金融产品，因为本质上是对某一个人或机构的索取权，也属于权利范畴。

交换标的按可分性可以分为2类：1. 不可分的，也就是必须作为一个整体参与交换。实物商品作为交换标的时一般是不可分的。2. 可分的。金融产品作为交换标的时可以分成一些小而同质的份额，比如互联网上销售的基金份额和 P2P 网贷中的贷款额度。

交换标的按产权转移形式可以分为2类：1. 交换伴随着所有权的转移，比如购买、出售。2. 所有权不变，但一定时间或范围内的使用权（或经营权）可以转移，比如租赁。共享经济中的很多交换标的属于这种类型。比如，Airbnb 中的房源归房东所有，房客只是临时使用。

交换标的按是公共品还是私人品可以分为3类：1. 公共品。公共品同时具有非排他性和非竞争性，很少成为交换标的。2. 私人品。私人品同时具有排他性和竞争性。大多数交换标的属于私人品，比如实物商品和金融产品等。3. 一些交换标的介于公共品和私人品之间。比如，互联网上一些需要付费才能获取的音乐、视频、资讯和教育资源等，具有排他性，但是非竞争性的。

第二，交换媒介。多数"互联网＋"模式需要货币作为交换媒介。货币可以是中央银行法定货币或互联网货币（谢平等，2014）。

在一些"互联网＋"模式中不存在交换媒介，比如在线易货交易模式。易货交易是一种古老的交易方式，在货币出现之前就已存在。但易货交易最大问题是"需求的双重巧合"（交换双方正好都需要对方的东西），适应范围较小。以 Bartercard 为代表的易货交易之所以在现代社会仍然存在，主要有3个原因：1. 互联网技术扩大了易货交易的适用范围，促进了"需求的双重巧合"；2. 在 Bartercard 中，用户也可以使用 Bartercard 提供的信用额度作为交换媒介；3. 在线易货交易模式有环保和消费文化的背景。

另外，在一些与广告有关的"互联网＋"模式中，既没有货币作为交换媒介，也不同于典型的易货交易。比如，很多网站免费提供音乐、视频和资讯等电子产品，并在这些电子产品中插播广告。在这类模式中，电子产品（交换标的）很接近公共产品，交换媒介实际上是消费者的注意力。

第三，交换参与者。"互联网＋"中有两类参与者：一类是交换标的的供给者，另一类是交换标的的需求者。按供给者和需求者在数量上的匹配关系，"互联网＋"可以分成3种情形：1."一对一"情形。在这种情形中，供给者和需求者都只有一个，但这种情形不太常见。2."一对多"情形。在这种情形中，一个供给者对应着多个需求者，或者一个需求者对应着多个供给者。比如，在汽车共享模式中，用车者与可使用的汽车之间就是一对多的关系，由用车者决定选哪一辆车。3."多对多"情形。大多数"互联网＋"模式属于这种情形。部分"多对多"情形还可以分解为一系列"一对多"情形的组合。比如，在P2P网贷和众筹融资中，每个投资者可以向多个融资者提供资金，每个融资者也可以向多个投资者募集资金（即"多对多"情形）。但站在单个投资者的角度，他是在不同的融资者之间配置资金（即"一对多"情形）。但也有一些"多对多"情形不能分解为一系列"一对多"情形的组合。在这类情况下，交换标的一般不止一个，而且供需双方之间往往存在双向选择关系。

"互联网＋"的三大支柱

按照交换标的、交换媒介和交换参与者的不同组合，"互联网＋"有非常丰富的模式，但核心都是三大支柱。第一，物流与支付。这是交换的物理过程，包括交换标的从供给者向需求者的转移以及交换媒介（作为交换的对价）的支付清算等过程。第二，信息处理。交换参与者要了解有哪些交换标的、其他参与者是谁，决定与谁交换、交换什么、交换多少以及交换的对价等。第三，资源配置。要设计好的机制，使得在综合考虑交换参与者的禀赋和偏好等的基础上，能有效率地匹配供给和需求，以提高交换参与者的福利。现对"互联网＋"的三大支柱分述如下。

一、"互联网＋"的物流与支付

支付作为一个专门的金融学研究领域，已有大量文献，本文不展开讨论，感兴趣的读者可以参考帅青红（2011）和谢平等（2014）。此处重点讨论"互联网＋"的物流。在"互联网＋"中，对应着交换标的的不同形态，有不同的物流要求。

一些"互联网＋"模式不需要物流或对物流的要求不高。1.当电子商品、信息和金融产品等作为交换标的时，因为它们可以在互联网上移动，是不需要物流的。2.当服务和权利作为交换标的时，即使最终消费行为要在现实世界中发生，物流往往也可以隐含在交换过程中，不会造成很大的额外成本。比如，在住房共享模式中，尽管房源本身不可移动，但房客的入住行为是嵌在旅行过程中的；在汽车共享模式中，汽车本身可以移动，汽车共享平台也会向用车者推荐距离较近的汽车。

在交换标的是实体商品时，"互联网＋"对物流要求比较高，典型例子是电子商务。比如，阿里巴巴衍生出来的包裹投递量非常大，与物流业之间形成了"共生"关系，阿里巴巴还参与成立了"菜鸟物流"。物流给电子商务造成了比较大的交易成本，但两类新技术会降低物流成本。第一，智能物流。在智能物流中，射频识别（radio frequency identification，简写为 RFID）等传感技术被广泛应用，可以实时跟踪每一件商品的位置，并从三方面降低交易成本：1.优化仓储的地理分布，使仓储分布尽可能匹配消费者需求，从源头上降低物流要求；2.优化仓储管理，在满足消费者需求的前提下最小化存货，减少资金占用，也提高入库、储存和出库效率；3.优化商品的运输路线，降低运输时间和成本。第二，3D 打印。3D 打印是快速成型技术的一种，以数字模型文件为基础，运用粉末状金属或塑料等可粘合材料，通过逐层打印的方式来构造物体。3D 打印使实物商品数字化，让实物商品的交换趋近于电子商品，显著降低物流需求。3D 打印还会使商品往个性化、定制化的方向发展。

二、"互联网 +"的信息处理

"互联网 +"使用的信息非常多，其中很多信息属于大数据的范畴。各种信息经过综合分析后，最终都体现在交换参与者的偏好中。在电子商务中，消费者一般面临多种商品。比如，消费者在网上购书时，会根据书的内容、作者、口碑（包括其他读者的评论）、出版时间和价格等在同类书中选择。消费者对不同书的合意程度不一样，这个合意程度就是他对书的偏好。亚马逊、当当网等网站还会根据消费者和其他读者的浏览购买记录向消费者自动荐书，这种自动荐书本质上是网站对消费者偏好的估计。对共享经济中的信息处理也可以做类似解读。比如，在住处共享模式中，房客需要根据自己的偏好在多个房源之间进行选择，房东也需要根据自己的偏好在多个房客之间进行选择。

在"互联网 +"的信息处理中，交换参与者仍然面临信息不对称问题。比如，在互联网金融中，投资者事前无法准确知道金融产品最终能实现的回报；在网上购书中，消费者在读完书之前只凭书的简介难以准确判断该书是否是自己想要的。所以，交换参与者的决策一般是在非完美信息下进行的。

三、"互联网＋"的资源配置

"互联网＋"的资源配置有两个组成部分。第一，交换可能性集合，也就是哪些人可以参与交换。在其他条件一样的情况下，交换标的的供给者越多，需求者越有可能得到自己想要的东西；而交换标的的需求者越多，供给者越有可能以高价出让自己的东西。因此，从整个社会来看，交换可能性集合越大，"互联网＋"的资源配置效率越高，交换参与者的福利越高。交易成本越低或信息不对称程度越低，交换可能性集合越大（谢平等，2014）。比如，在P2P网贷中，陌生人之间也可以借贷，而线下个人之间的直接借贷一般只发生在亲友间；在众筹融资中，出资者和筹资者之间的交易较少受到空间距离的制约，而传统风险投资遵循"20分钟规则"（即被投企业距风险投资机构不超过20分钟车程）；在住处共享模式中，住处共享平台对房东和房客建立了评价体系，使得完全不认识的房东和房客之间可以达成交易，而现实中人们一般很少在亲友之外的人家中借宿；在网上购书中，因为图书检索机制的完善，消费者的选择范围比实体书店要大得多。

第二，供需匹配机制，主要有4种代表性机制（平新乔，2001）。1.拍卖机制，适用于"一对多"以及单一、不可分的交换标的的情形。比如，在在线任务发布和认领模式中，任务认领者相当于"竞拍"

任务发布者提供的任务。2. 埃奇沃思盒子。埃奇沃思盒子是关于交换经济的经典模型，适用于"多对多"以及多个、可分的交换标的的情形，比如在线易货交易模式。3. 稳定匹配机制，适用于供需双方之间存在双向选择的情形。比如，在住处共享模式中，房东与房客之间就存在双向选择的关系。4. 资产组合理论。在互联网金融中，投资者要在多种金融产品之间分配投资金额，使由此形成的资产组合（在事前）最大化自己的期望效用。这方面的代表是马科维茨均值－方差模型。

"互联网＋"与互联网金融的关系

互联网金融作为"互联网＋"的一个细分领域，既体现了"互联网＋"的共有特性，也有自己的特殊性。本文从两个角度讨论"互联网＋"与互联网金融的关系。

第一，互联网金融本质上仍是金融，是在不确定性环境中进行资源的跨时空配置或交换。这种配置或交换在互联网上能更有效地实现，也不涉及具体的生产和消费过程，因此互联网金融也属于交换经济的范畴。互联网金融的特殊性，主要来自作为交换标的的金融资源的特殊性：1. 不需要附着于实物形态而存在，在交换过程中对物流没有特别要求；2. 可以细分成小而同质的份额；3. 交换中一般伴随着所有权的转移；4. 属于私人品范畴。表1对互联网金融与其他"互联网＋"模式进行了比较。可以看出，"互联网＋"（包括互联网金融）本质上都是通过互联网使很多原来不可交易或很难交易的东西，以交易或共享的方式实现供需匹配。

表1、互联网金融与其他"互联网+"模式的比较

	交换标的	供给方	需求方	供需匹配机制
P2P网贷	债权资金	投资者	企业、消费者	投资者单向选择，金额、期限、风险收益上的匹配
众筹融资	股权资金	卖家	创业者	
电子商务	商品		消费者	消费者单向选择，商品价格和质量、卖家和商品评价上的匹配
住房共享	住房的短期使用权	房东	房客	双向选择，时间、地点、价格、双方信誉上的匹配
汽车共享	汽车的临时使用权	汽车所有者	临时用车者	双向选择，地理位置、价格、双方信誉上的匹配

第二，互联网金融与其他"互联网＋"模式之间有相互促进作用。一方面，电子商务、共享经济等其他"互联网＋"模式为互联网金融提供了应用场景，也为互联网金融打下数据和客户基础。从目前案例看，互联网金融创新都内生于实体经济的金融需求，在一定程度上接近于王国刚（2014）提出的"内生金融"概念。特别是，以电子商务公司为代表的一些实体经济企业积累了大量数据和风险控制工具，可以用在金融活动中。比如，阿里巴巴为促进网上购物、提高消费者体验，先通过支付宝打通支付环节，再利用网上积累的数据发放小额信贷，然后开发出余额宝，以盘活支付宝账

户的沉淀资金，满足消费者的理财需求。这表明，互联网金融的根基是实体经济，互联网金融一旦离开实体经济，会变成无源之水、无本之木。

另一方面，互联网金融对其他"互联网＋"模式也有很强促进作用。互联网支付和移动支付的发展有助于降低"互联网＋"的交易成本，提高"互联网＋"的适用范围和规模。比如，我国电子商务的快速发展在一定程度上归功于第三方支付提供的信用担保功能。该功能缓解了消费者和卖家之间的交易对手风险，提高了网上交易的诚信度。再比如，Uber、滴滴快的等打车软件在市场推广中都使用了补贴手段。如果没有移动支付，这些补贴是很难实施的。网络借贷、股权众筹融资为电子商务公司提供了融资支持，互联网保险为网上交易提供风险保障。比如，截至2013年底，阿里小贷累计客户数（均为阿里巴巴系统中的商户）超过了65万家，累计投放贷款超过1600亿元，户均授信约13万元，户均贷款余额不超过4万元不良贷款率控制在1%以内，很好地服务了小微企业融资需求。再比如，众安保险的银行卡盗刷资金损失保险，对由于银行卡被盗刷或被他人胁迫而导致的银行卡账户内的资金损失提供保险；众安保险与美团外卖合作的互联网食品安全险，对美团外卖的在线商家提供食品安全责任保险。

总的效果是，互联网金融与其他"互联网＋"模式之间会形成一个相互促进的良性循环。可以设想，实体经济和金融活动未来会在互联网上达到高度融合。

总结与政策建议

本文对"互联网+"进行了初步的经济学分析。基于对电子商务、互联网金融、共享经济等"互联网+"重点领域的分析，本文认为"互联网+"主要是互联网上的交换经济，并且有交换标的、交换媒介和交换参与者等3个基本要素。本文还详细分析了物流与支付、信息处理和资源配置等"互联网+"的三大支柱，讨论了"互联网+"与互联网金融之间的相互促进关系。

基于对"互联网+"的经济学分析，我们对发展"互联网+"提出4点政策建议。第一，"互联网+"的发展有很强的经济学逻辑，是不可逆转的趋势。"互联网+"有助于提高实体经济活力和资源配置效率，盘活闲置资源和过剩产能，促进金融普惠，也有助于节约资源、保护环境，是我国经济结构调整和转型升级的重要推动力。"互联网+"作为一个新生事物，不可避免会冲击现有市场格局，触动现有利益格局，也不可避免会产生其特有的新问题。比如，电子商务发展这么多年，一直没有找到妥善的征税方案；互联网金融自2013年以来在我国金融界引起了较大争议，一些互联网金融机构造成了一定的金融风险；在全球范围内，住处共享公司 Airbnb、打车软件 Uber 分别与酒店业、出租车行业发生了直接冲突，滴滴快的在我国也面临很多监管问题。我们认为，要认清"互联网+"的发展大势，给予"互联网+"一定监管宽容；在对"互联网+"新模式的利弊有充分观察的基础上，再完善相关监管措施。"互联网+"适应面广，形式灵活，会不断演变出新的模式。因此，对"互联网+"的监管要有灵活度，应该引入负面清单监管模式，特别要尽快明确

"互联网+"新模式的法律地位。

第二，与互联网有关的领域中，普遍存在两个特征（Economides and Himmelberg, 1994），"互联网+"也不例外。一是固定成本很高，但边际成本递减（甚至可以趋近0）。二是网络效应（也称为网络外部性），即网络参与者从网络中可能获得的效用与网络规模存在明显的相关性。在这种情况下，很多"互联网+"模式只要能超越一定的"关键规模"（critical mass），就能快速发展，从而取得竞争上的优势（Varian, 2003）；反之，在竞争上就会处于劣势。所以，一些"互联网+"模式采取了各种措施来快速扩张规模。比如，Uber、滴滴快的等打车软件使用大量补贴进行市场推广，快速占领市场份额。对这些市场竞争行为，应该建立科学有效的监管方式，保护公平、有序的市场竞争，防止形成行业垄断和市场壁垒。

第三，"互联网+"的发展需要有良好的基础设施作为支撑。一是物理基础设施，包括移动互联网、云计算、物联网、物流系统、大数据等。二是针对网上交易的信用支持体系。网上交易跨越了地理距离和熟人网络的局限，但也面临着很高的交易对手风险。只有建立起准确有效的身份识别认证系统、社会信用体系以及对违法失信行为的预防惩罚机制，才能缓解交易参与者的顾虑，扩大"互联网+"的适用范围。

第四，"互联网+"如果缺乏有力的金融支持，是发展不起来的，所以要发挥互联网金融与其他"互联网+"模式之间的相互促进作用。中国人民银行等十部委2015年7月发布的《关于促进互联网金融健康发展的指导意见》，从顶层设计的角度明确了互联网金融的定位，提出了一系列鼓励创新、支持互联网金融稳步发展的政策措施，确立了互联网金融主要业态的监管框架，为我国互联网金融行业的下一步发展打下了坚实基础。

参考文献

[01] 平新乔. 微观经济学十八讲 [Z]. 北京大学出版社 .2001.

[02] 帅青红. 电子支付与结算 [Z]. 东北财经大学出版社，2011.

[03] 王国刚. 从互联网金融看我国金融体系改革新趋势 [J]. 红旗文稿，2014 (8).

[04] 谢平、邹传伟和刘海二. 互联网金融手册 [M]. 中国人民大学出版社，2014.

[05] 中国支付清算协会. 中国支付清算行业运行报告（2015）[Z]. 中国金融出版社，2015.

[06] Botsman, Rachel, and Roo Rogers. 2010. What's Mine Is Yours: The Rise of Collaborative Consumption [M].Harper Business, 2010.

[07] Economides N.，and C. Himmelberg. Critical Mass and Network Evolution in Telecommunications [R].Working paper. 1994.

[08] Turban, Efraim, David King, Jae Lee, Ting-Peng Liang, and Deborrah Turban. Electronic Commerce: a Managerial and Social Networks Perspective [M]. Prentice Hall, 2011.

[09] Varian, Hal R. Economics of Information Technology [R]. Working paper. 2003.

图书在版编目（CIP）数据

互联网金融九堂课 / 谢平著. — 北京：中国计划
出版社，2017.5
ISBN 978－7－5182－0621－6

Ⅰ．①互… Ⅱ．①谢… Ⅲ．①互联网络－应用－金融
Ⅳ．①F830.49

中国版本图书馆CIP数据核字（2017）第091708号

互联网金融九堂课
谢　平　著

中国计划出版社出版
网址：www.jhpress.com
地址：北京市西城区木樨地北里甲11号国宏大厦C座3层
邮政编码：100038　电话：(010) 63906433（发行部）
新华书店北京发行所发行
北京中科印刷有限公司印刷

787mm×1092mm　1/16　　14 印张　135 千字
2017年5月第1版　2017年8月第1次印刷

ISBN 978－7－5182－0621－6
定价：42.00元

质量监督电话：010－59096394
团购电话：010－59320018